誰でもできる簡単レッスン！

勝手に愛されるコミュニケーション術

ー社員食堂
今日も私、ナツミは
ひとりランチ…
えー
そうなん
ですか
アハハハ
ああ…なんて
和やかな空気…
その中心に
いるのは
ハナさん
いつも明るく
穏やかで
朗らかで
気持ちいい…
ひだまりのような人
あんなふうに
なってみたい
私とは正反対
ダメダメ
夢見ちゃ
パッ
パッ
ナツミさん

ナツミさんも一緒にごはん食べませんか？
あ
え
…いえ…
そう…ゴメンね
何も言えなかった…
ピン
5
ガー
自己嫌悪
あ部長
ビクッ
どうしよう気まずい…
モジモジ
部長
おお
ハナくん
今お戻りですか？
空気が一気に和む…
ホ…
よかった〜
和気あいあい
…いいな…

はぁ
今日は休日
やることもないので
ベッドでゴロゴロ
平日だって
日中は仕事以外では
会話もなく
会社の帰りに
誰かとごはんを
食べることも
ない
コンビニ
なんでこんな
なんだろ
雑談のスキル
あなたも
カンタンに
人づきあいが
できる
コミュ障って
生まれつき？
治らないの？
ハナさんのように
できたら…
ハナさんを取り巻く
和やかで
まわりの人が
心地よくなる空気
だからみんな
ハナさんを
好きになってしまう
勝手にみんなから
愛される人の
資質ってなに？

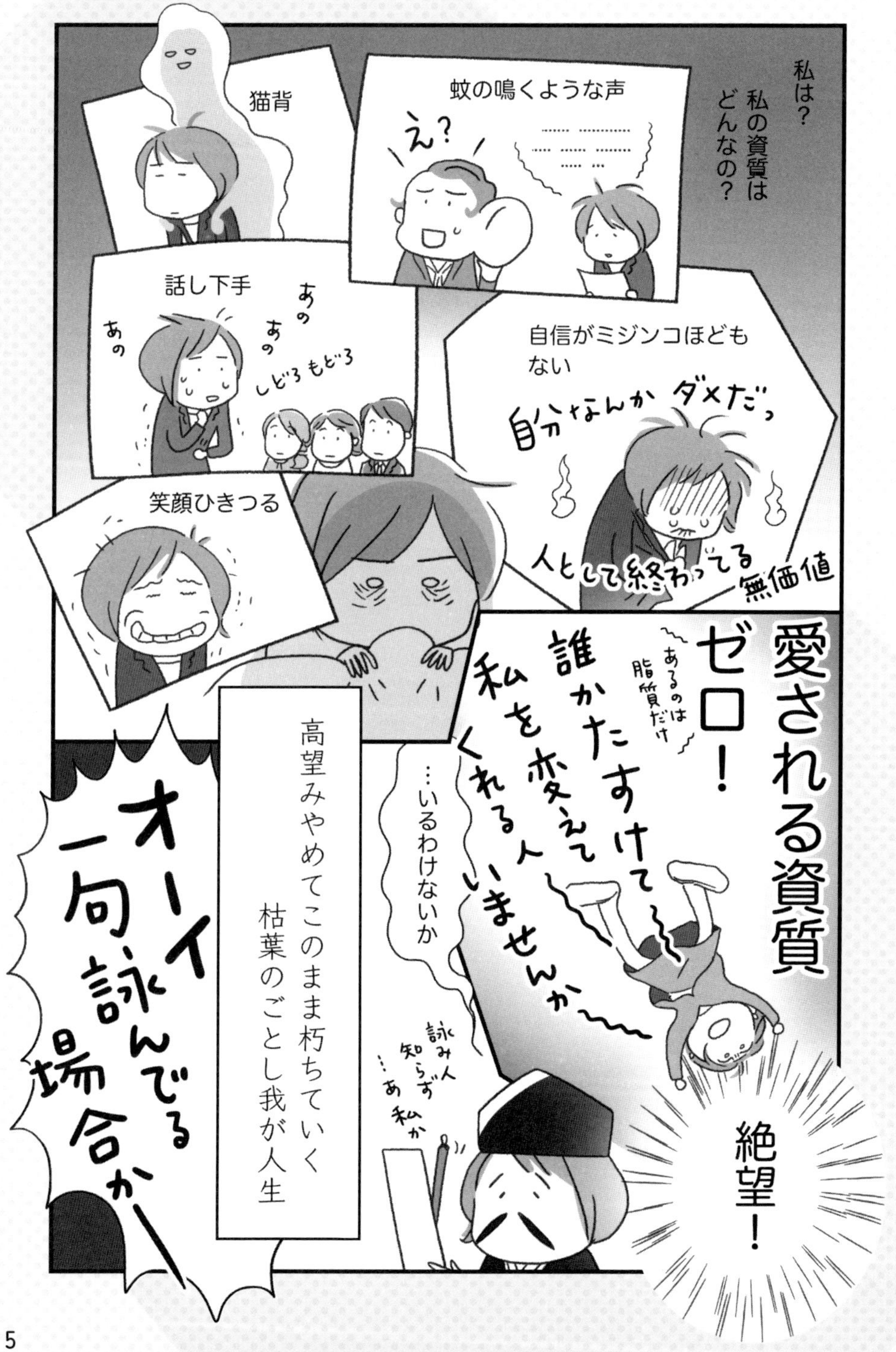
私は？ 私の資質はどんなの？
猫背
蚊の鳴くような声
え？
話し下手
あの
あの
あの
しどろもどろ
自信がミジンコほどもない
自分なんかダメだっ
人として終わってる
無価値
笑顔ひきつる
愛される資質ゼロ！
あるのは脂質だけ
誰かたすけて～
私を変えてくれる人いませんか～
…いるわけないか
高望みやめてこのまま朽ちていく
枯葉のごとし我が人生
詠み人知らず
…あ 私か
絶望！
オーイ一句詠んでる場合か—

だ！
誰！
タレント
テレビやラジオのMC
コミュ力アップ講座「あつこ塾」の塾長！
今村あつこです
笑顔ひきつる
話下手
自信ない
あ…
あ…
あの…
ふむふむ
なかなか
重いものを
しょってるわね
二宮金次郎か
でも大丈夫！
パァッ！
その悩み、全てちょっとしたコツで解決できるから！
えーー
ないない
地味
笑顔ひきつる
赤面
自信ない
小心者
固まる
地蔵
ナツミさん

ニィーー
？
つられて
ニィーーー
その調子！
ポンッ
シャキ！
はい
深呼吸！
スー
ハー
今日は
いいお天気
ですね
シャッ
ピィ
ピピピ
え？
あ

ほんと
にね〜
ねっ
あ…
大きい声…
姿勢を良くすると
声を大きく
出せるんです
鏡
見て!
笑顔?
私が?
そう!
笑っている
ナツミさん
とてもイイですよ
人は上の歯を
8本見せて
笑いかけると
ニイー
つられて笑顔に
なるんですよ
ニイー
ホントだ
もっと
見えてるよ
鏡
ポロ
あれ?
笑顔
ひきつる
話下手
自信ない

ホラ
ひとつ取れた！
笑顔ひきつる
味
下手
自信ない
ホー〜
さ！
行きましょうか
え？
ど…どこに？
愛される
あなたに
なるための
そんな未来を
つくりにですよ

勝手に愛される人の「資質」ってなんだろう？

みなさん、こんにちは！

福岡を拠点にタレント活動をしている今村敦子です。テレビ・ラジオの様々な番組でキャスターやリポーター、MCの仕事をして27年になります。「年間に1200時間ほどマイクの前で話す仕事×27年間」、しかもまわりはみんなしゃべりのプロですから、どんな言い方をしたら人に伝わるのか、気持ちよく会話を続けるにはどうしたらよいかなどを自ずと学んできました。その積み重ねから、伝わる話し方・コミュニケーション力アップ講座「あつこ塾」を開講し、塾長としてたくさんの方にコミュニケーションの技術やマインドについてお教えしています。

あつこ塾にはいろいろな方が参加されます。ビジネス面の強化として「訴求力のあるプレゼンテーションをしたい」と来られる方もいれば、職場やご近所、ママ友などとの人間関係をスムーズにしたい、という方もいらっしゃいます。なかでも最も多いと感じるのが、巻頭のマンガに登場したナツミさんのように「自信がない」「緊張してあがってしまう」「自分の声が好きじゃない」という、誰かとのコミュニケーション以前にご自身の内面に悩みを持つ方々です。

ナツミさんはハナさんと自分を比べて「勝手に愛される資質」について考えていましたね。なぜかハナさんのまわりはいつもふわ～っとした和やかな空気が漂って、みんながハナさんのほうに意識が向いてしまう、誰もがいつのまにか笑顔になってしまう。

ですがこれ、「資質」ではありません。資質とは生まれつきのものを指しますが、まわりをやさしい気持ちにする雰囲気や、人を笑顔にする表情、声、振る舞い、そのすべては持って生まれたものではなく、ちょっとしたコツを知って実践すれば誰でも持ち得るコミュニケーションスキルなのです。

ナツミさんがもし「愛される資質」を「愛されるコツ」と捉えることができれば、人生は大きく変わります。

今でこそ人前で話す仕事をしている私ですが、かつては自分の声にコンプレックスを持っていました。中学生の頃、録音した自分の声をラジカセで聞いたとき、何を言っているかわからないボソボソした話し方や暗い声色にショックを受けたことを今でも覚えています。それから話し方や声について自分で調べ、ボイストレーニングに通い、この仕事をやると決めてからはアナウンス学校にも通って、ちょっとずつコンプレックスを手放していったのです。

私はそのコツをたくさんの人にお伝えしたいと思い、この本をつくりました。なぜなら、仕事や経験を通して学んできたコミュニケーションスキルによって私自身が変わり、人間関係を和やかにし、人生の楽しみを広げてきたからです。

この本でご紹介する「勝手に愛されるコツ」が、コミュニケーションに悩むたくさんの人のお役に立てるととてもうれしいです。

今村 敦子

この本は

こんな悩みを持つ人におすすめです

check!

- □ 人前で話すと緊張する
- □ よく聞き返される
- □ 人に伝えるのが下手
- □ 突然話しかけられると混乱する
- □ 自分に自信がない
- □ 自分のことが好きじゃない
- □ もっと幸せになりたい
- □ 初対面の人とうまく話せない
- □ 声にコンプレックスがある
- □ リアクションができない
- □ 笑顔がひきつる
- □ 人間関係をうまく構築できない
- □ 第一印象を良くしたい

contents

Chapter 2
魅せるコミュニケーション【準備編】

Chapter 3

人間関係を良くするコミュニケーション 実践編

Chapter 4 いつでもポジティブな日々の習慣

STAFF
漫画●上田 惣子
デザイン●三谷 夏生（イエブル）
校正●前田 理子（みね工房）
編集●中村 美砂子（モック社）
協力●ナチュレライフ編集部

Chapter 1

愛される マインド

オープンマインド

心を開くと、あなたを包む空気がパッと明るくなります。

家の近くにちょっと前にできたレストランがあります。一度行ってみたいのですが、なかなか入る勇気がありません。なぜならそのお店、窓がないんです。店内の様子がまったくわからないので、どんな料理を提供してくれるのか、どんな人が働いているのかも見当がつかず、入るのをつい見送ってしまいます。

人は目に映るものから様々な情報をキャッチしているのです。窓が開いていれば店内の様子がわかり、自分の好みや予算に合う店かどうかの判断材料になりますよね。そこをあえて閉じているということは、いろんな人に来店してほしくないか、お客を選びたい会員制のお店なのかもしれません。窓をつくらないことで「拒絶」の情報を放っていると言い換えることもできます。

反対にオープンテラスのお店はとても入りやすいですね。中の様子がわかるので安心できるし、天気のいい日は気持ちよくてふらりと入ってしまいます。

「人」にもこれと同じことが言えます。

いつもにこやかで、心のドアが開いているオープンテラスのような人、みなさんのまわりにもいませんか？　裏表を感じさせず、話しかけると笑顔で応えてくれるとわかっているから、身構えずに声をかけることができます。

一方、拒絶のオーラを放っていて、話しかけるのを躊躇《ちゅうちょ》してしまう人もいます。本人が孤高でいることを望んでいるのなら問題ないのですが、コミュニケーションに臆病になっていることで、知らず知らずに人を遠ざけてしまう人もいるのです。

たとえば、誰かに話しかけられても、「気の利いたことが言えないから」と短い返事だけで会話を終わらせてしまう人。敏感で繊細な心の持ち主が多く、仲良くなりたいと思っている人には、緊張してますますそっけなくしてしまうことも。そうなると相手には「冷たくあしらわれた」という印象だけが残ります。「嫌われているのかな」と感じ、次からは声をかけてくれなくなるかもしれません。気持ちはわかりますが、このままでは人との距離が遠のくばかりです。

自分にも思い当たる部分があるという人は、この本にあるコミュニケーションのコツを試してみてください。Chapter2では「非言語」でのコツを紹介しています。会話が苦手な人も姿勢や表情に気をつけたり、声のトーンを意識してみたりは抵抗なくできると思います。そうすると心の持ちようも変わってきます。

考えすぎない

ネガティブな想像は言葉や行動を奪います。

家族など特定の人とはスムーズに話せるのに、その他の人とはうまくコミュニケーションがとれないという人は、「考えすぎ」が癖になっている場合が多いようです。軽い雑談のなかでも、

「こんなことを言ったら失礼かな……」

「今は言うタイミングではないのかも……」

「私の話なんてつまらないし……」

などとぐるぐる考えているうちに、いつのまにか会話が終わってしまった、ということもあるでしょう。

けれども、その考えは他の人には伝わらないので「そっけない人だな」「不機嫌なのかな」と受け取られ、それを機に人間関係が捻《ねじ》れてしまうこともあるのです。

また同様に、自分が誰かに話しかけたいなと思ったときも、

「無視されたらどうしよう」

「私なんかが話しかけたら迷惑かな」

などと考えすぎた挙句、「何も言わないこと」「誰にも話しかけないこと」が

いちばんの安全策になっている人もたくさんいます。でもそれは本当に安全策でしょうか。続けているうちに孤独になっていきませんか？

そんな人たちに私が強くお伝えしたいのは、軽いコミュニケーションの場において**「深い考えは一切不要！」**ということです。相手も深く考えていませんし、おもしろい話や実のある話を期待しているわけではないのです。

私はあつこ塾の塾生さんたちや、コミュニケーションセミナーの生徒さんたちにも、このことをくり返し伝えていますが、みなさん「自意識過剰だとわかっているんだけど……」とおっしゃいます。

わかっているのに、ついついマイナスの考えが浮かんできてしまうのですね。

この「考えすぎる癖」をやめるためには、自分がコミュニケーションの場でどんなことを考えているのかを一度書き出すことをおすすめします。頭のなかでぐるぐる回っている考えや感情を可視化することで、客観的・俯瞰《ふかん》的に眺めることができるからです。

Work 1 「不安」をすべて書き出す

話しかけられてうまく答えられないとき、
話しかけるのを躊躇してしまうとき、
心に浮かんでくることを
全て書き出してみましょう。

ex.
こんなことを言ったら失礼かな

私の話なんてつまらないかも

もっと気の利いた返事をしなくっちゃ

「考えすぎ」の正体は？

コミュニケーションに臆病になっているとき、頭のなかで混沌《こんとん》とする考えや感情を一つひとつ書き出してみると、その正体がネガティブな思考をもたらす「不安」であることがよくわかります。

「こんなことを言ったら笑われるかも」「嫌われたらどうしよう」などと心配事で頭がいっぱいになってしまうと、言葉も笑顔も出てきませんよね。

コミュニケーションの場に限らず、**不安は心のなかで増幅し、言葉や行動を奪ってしまうのです。**

それはとてももったいないことです。この不安の出どころは実際に起こったことではなく「ただの想像」でしかないのですから。

不安でいっぱいになっているとき、人は自分とおしゃべりをしています。相手が目の前にいるのに、自分の心の声にばかり気を取られている状態です。

もちろん、実際に何か心配事があって不安なとき、人の言葉がまったく耳に入ってこないことは誰でもあります。けれども、それが「いつもの癖」であるとしたら、その癖は何一つ良い結果を生みません。

「不安」の扱い方

「不安」がコミュニケーションを遮断してしまうとお伝えしましたが、ほとんどの人が不安を抱えているというのも事実です。ごく稀《まれ》に、うらやましいくらいに楽天的な人もいますが、多くの人は自分の内側に抱えたコンプレックスや先入観、警戒心などに刺激されて、ムクムクと不安が顔を出すのです。

それでも**コミュニケーションスキルの高い人は、会話の流れでほんの一瞬不安が顔を出しても決して囚われません。その場ではあえて見過ごしたり、脇に置いたりして、コミュニケーションに集中して楽しんでいるのです。**

前のページでお伝えしたように、不安の出どころは不確かで曖昧なことがほとんどです。それだけに一掃することは簡単ではありません。いっそのこと**「不安をなくす」のではなく「不安を扱う」と意識を変えてみませんか。**

話を振られて「こんな話は誰も興味ないかも」などと不安が顔を出しても、

今の世の中、不安なことだらけです。とくにここ数年の自然災害やコロナウイルスなどで、世界中がどうしようもない不安に襲われましたが、自分が「備える」ことで不安定な気持ちを支えてきましたよね。コミュニケーションの不安も小さなコツを知っていれば、大きな支えになりますよ。

「シッシッ」と頭のなかから追い出すといいのです。あるいは、もう一人の自分を頭のなかに登場させて不安の芽をつまんでポイと捨てるなどもOKです。子どもじみていると感じるかもしれませんが、イメージの力は偉大です。自分がやりやすいイメージで不安を払って、目の前の人との会話を楽しみましょう。

コミュニケーションの場はキャッチボールによってつくられます。ボールを投げられた人は「気の利いたことやおもしろいことを言わなければならない」なんてルールはありません。言うなればビーチボールのように、ポーンポーンと軽やかに返し合っていればその場が和やかになって、ふわ～っとやさしい空気が流れたり、ワイワイと楽しくなったりします。

もしも会話の内容についていけないと感じても心配いりません。「よく知らないから教えて」と正直に伝えると相手は喜んで教えてくれます。

また、話すことが苦手だと自覚がある人は、聞き上手の素質あり！なのです。Chapter③では相手が楽しく話せるように「聞き上手のコツ」を紹介していますので参考にして、あなたの「聞きスキル」をさらに磨いてください。

理由のない
警戒心は手放す

愛されるのは
心のドアがオープンな人。

用心深い性格からコミュニケーションがうまくいかないという人がいます。警戒心が強いあまりに、自ら人と距離をとっている人、〝話しかけないでオーラ〟をギンギンに出している人、ドラマのなかにもよく登場しますよね。

しかし、相手が見るからに怪しい人や危険な人であれば、そんな態度をとってしまうこともあるでしょうが、そうじゃない日常のシチュエーションでは、警戒心の強さはその人の印象を損ねます。

「オープンマインド」のページでお伝えしたように、心のドアは目に見えなくても「全開なのか」「ちょっとだけ開いているのか」「要塞のように訪問者を拒絶しているのか」は相手に瞬時に伝わります。言うまでもなく、愛されるのは「オープンで、いつでもさわやかな風が流れているような心の持ち主」です。

ところが、やっかいなことに、警戒心が強い人間であることに本人が気づいていないということがよくあります。とくに、コミュニケーションが苦手という人のなかに多いようです。

警戒心は防衛本能からくるもの。「騙《だま》されたくない」「傷つきたくない」「嫌われたくない」といったネガティブな気持ちの表れです。もしかしたら、過去にそうした経験があるから無意識に自分を守ろうとして、ガードが固くなっているのかもしれません。

ですが、まったく心配のいらない相手に警戒心をあらわにしてしまうと、相手もあなたを警戒するようになります。また、警戒心をうまく隠そうと丁寧な対応をしていても、やはり伝わってしまうのです。

玄関の前に高い石塀を立てている人に、その塀を壊して「仲良くしましょう」なんて言ってくれる人はほとんどいませんよね。

そう、**塀を壊すのは自分自身しかいないのです。**

警戒心は過去の記憶や経験と深く結びついていることから、一挙にゆるめられるものではありませんが、せめて「警戒心が強すぎると人間関係を築きにくくなる」ということは知っておきましょう。知っていれば、自分の言葉や行動のなかで、「なぜ警戒してしまうのか」を気づくときがきっとあります。気づくことができれば、ちょっとずつ手放していけると思います。

フラットに捉える

**色眼鏡を外してまっすぐに見ると、
相手の良さが見えてきます。**

「〇〇はきっとこうだろう」「あの人はこうに違いない」などと、最初から決めつけるのも良くありません。このことを「色眼鏡で見る」という言い方をしますが、その通り、サングラスをかけたまま見る世界は暗い色にしか映りません。青いレンズのメガネをかけたままで見る世界は青一色。つまり、バイアスのかかったものの見方・捉え方は、本質を見逃してしまうという教えです。

なんだか説教じみたことを言ってしまいますが、本当に大事なことなのです。

先入観や固定観念、偏見は、コミュニケーションの相手に対する誤解を生み、相手が伝えたいことをまっすぐにキャッチできなくなります。そうして人間関係の構築を難しくしてしまうのです。

色眼鏡を外して、まっすぐな瞳で、フラットな心で「人・物・事」に向かいましょう。また、前のページでお伝えした「不安」も自分に対する色眼鏡（思い込み）から発生していることもたくさんあります。

「私には絶対無理」と思っていたこともやってみたら案外スルッとできた、なんてこともよくあります。「案ずるより産むが易《やす》し」と言うでしょう？

昔から語り継がれてきたことや、使われてきた言葉には真実があるのですよ。

不安
思い込み
先入観
固定観念
偏見

あこがれの誰かになりきる

口下手も人見知りもこの方法で克服できます。

「口下手」と「コミュニケーション下手」は同じような意味にとられがちですが、そうではありません。口下手とは「ものの言い方が巧みではない」ということ。何かを伝えるときに、自分の思いが言葉とリンクできない、言葉のチョイスが上手ではないことを指します。

これまでお伝えしてきたように、誰かと話す際に過度に緊張してしまったり、「こんなことを言ったら相手はどう思うか」などと考えすぎたりして言葉を見失うことから口下手になることがあります。しかし、これはコミュニケーション力がついてくると、自然と口下手ではなくなっていきます。

また、語彙力《ごいりょく》が不足していて口下手になってしまうこともあります。知っている言葉の数が少なかったり、知っている言葉を適切に使いこなせないというパターンですね。これは、読書をする、新聞を読むなどしながら意識的に言葉を自分のものにしていくことで、思いをちゃんと伝えられるようになります。

それからもう一つ、口下手に悩む人に絶対におすすめしたい克服方法があり

誰かになりきったら、パペットやぬいぐるみを相手にレッスン！ あるシチュエーションで「その人ならなんと答えるか」を考えるのもおすすめです。

ます。それは**「誰かになりきる」**です。

メディアに出てくるあこがれの人でもいい、尊敬する会社の先輩でもＯＫ！ 口真似をしたり、表情やリアクションをコピーしたりして、その人になりきってみると、仮面をかぶったような気持ちになって、恥ずかしさを軽々と越えていくことができます。

芸能人など人前で話す職業の人のなかには、素の自分はおしゃべりが得意ではないけれど、ピンマイクをつけるとスイッチが入って流暢にしゃべる人や、被りものをすると普段以上にはっちゃけられる芸人さんなどもいます。自分の切り替えスイッチがどこにあるか、よく知っているのだと思います。

あつこ塾でも、ときどき「なりきりレッスン」を行っています。どうしても初対面の人と話せないという人見知りの方も、この方法なら自分が抱えた不安や悩みを一旦頭から追い出して、とてもスムーズに話せるようになります。「なりきり」は自分の殻を破るファーストステップなのです。

あなただったら誰になりきりますか？ その人の口癖や表情、手の動きなどを具体的にイメージして、ぜひチャレンジしてみてください。

自分の
好き・嫌いを知る

そうすると相手の価値観も
大切にできます。

誰かとの会話のなかで、嫌なことを言われたわけではないのに不快に感じたり、なんだかなあ～とモヤモヤすることがあります。それはおそらく、価値観の違いが生み出す曇り感情。これが積み重なるとちょっとずつ距離をとりはじめ、いつのまにか疎遠になってしまうこともあります。

人は千差万別。自分とぴったり同じ価値観の人のほうが少ないかもしれないのに、無意識に自分と同じであってほしいと期待をしてしまうのですね。恋人や家族など身近な人に対してはなおさらその期待が強くなります。

そもそも、「価値観」とはその人が大事に思っていること。決して、否定したり押しつけたりしてはいけないものなのです。円滑なコミュニケーションには、人の価値観を認めることが大前提となります。

人を尊重するためには、自分の「好き・嫌い」をよく知っていることが役立ちます。好き・嫌いは善悪ではないので、自分が好きなものを人が嫌いでも、その逆でもなんの問題もありません。ただ、素直に認めるだけでいいのです。

その点、自分の好き・嫌いをよく知っている人は、相手にも好き・嫌いがあることを理解できるので、自分と違う意見でも「あなたはそう思うのね」と認めることができます。

反対に、自分の好き・嫌いが曖昧であれば、周囲につられてしまうことがよくあります。だけど、本能は本当の答えをよく知っているのです。

会話の途中で「あなたもそう思うよね」と言われて、つい「Ｙｅｓ」と言ってしまったときに、かすかにでも心が曇れば、それはもう「Ｙｅｓ」ではありません。その「モヤモヤ」は体の反応であり、続けばストレスになってしまいます。この先、そんな場面があったなら、そのモヤモヤとじっくり向き合ってみてください。

自分の好き・嫌いを知るためには、ときめくことをたくさんするのがおすすめです。心をどんどん動かして、直感力を磨いてください。また、自然のなかをウオーキングするなど、気持ちのいい空気や風に身を任せて、自分のなかにあるモヤモヤを一旦排除するのもおすすめです。

小手先の
テクニックはいらない

大切なのは、コミュニケーションを共有する相手へのリスペクト。

私はあつこ塾を通して、何百人ものコミュニケーションに悩む方たちと関わってきました。その方たちに共通しているのは、みなさんたくさんの魅力的な部分を持っているのに、その魅力が表に出ていないということです。それでも、講座の回を重ねる毎《ごと》に、緊張や頑《かたく》なさが解けて表情や声が明るくなり、そしておもしろいことに、みなさんおしゃれをして講座に来られるようになりました。

世の中には逆パターンの人もたくさんいます。コミュニケーションのテクニックを使って、耳ざわりの良い言葉を並べたり、笑顔を絶やさなかったりするけれど小手先だけで会話を運んでしまう人。しかし、どんなにテクニックがあっても、コミュニケーションにマインドが伴っていないと、相手には透けて見えてしまいます。誰とでも臆せずにスラスラ話せる人が「コミュニケーション上手」というわけではありません。

大切なのはコミュニケーションを共有する相手をリスペクトすること。

リスペクトがあれば、自ずと相手の話に耳を傾けるようになります。円滑な

スムーズに話せても、話し方が攻撃的な人、自分の話ばっかりする人、会話の矛先が自慢話に向いてしまう人は、相手に対してマウントをとりたいだけ。決してコミュニケーション上手ではありません。

コミュニケーションにとって「聞く力」はとても大切ですが、それはテクニックではなく相手へのリスペクトによって培える力なのです。

そこをすっ飛ばして、スラスラしゃべれるようになってもなんの意味もないのですが、テクニックがあるだけにその問題点に自分で気がついていない人がたくさんいます。気づかないから直しようもありませんよね。

その点、今この本を読んでくださっているみなさんは、「自分はうまく伝えられない」とわかっている方ではないかと思います。裏を返せば、「ちゃんと伝えたい」という誠実さの表れです。

コミュニケーション力がついてくると、その誠実さはあなたの魅力の一つとなってまわりにも伝わるはずです。それだけではなく、あなたのやさしさやユニークさなど、まだあなた自身も気がついていない魅力がコミュニケーションによって引き出されるかもしれません。

自分が変われば
相手も変わる

コミュニケーションが楽しくなると、人生もまたカラフルで楽しいものになります。

私の講座の参加者はコミュニケーションが苦手な方たちが多いことから、だいたいにおいて初回の教室には重〜い空気が流れています（笑）。全員がガチガチに緊張しているので、私まで緊張で硬くなってしまうほどです。それでもみなさん同じ目的で来られているので、場が和んでくると知らない人同士でも安心してお話しされるようになります。そのうちに仲良くなって、講座が終わると一緒にカフェやショッピングに行ったりされているようです。

そんなシーンを目にする度に思うのは、**コミュニケーション力がついてくると、お互いにいい影響を与えあって、人生のいろいろなことが好転していく**のだなあということ。

私自身もそうでした。声にコンプレックスがあってコミュニケーションに消極的だった私が、いろんな人と話せるようになって、次にいろんな人と話すことが楽しくなりました。だんだんと仕事も順調になって、そしてあるとき、まわりに嫌いな人が一人もいないことに気がついたのです。

私はあつこ塾をつくる10年ほど前に「きらきらトークレッスン」というコ

ミュニケーション講座を開いていました。その講座に、家族とうまくコミュニケーションできないと悩んで受講に来られた方がいたのですが、だんだんと家族仲が良くなって、講座が終わる頃に「妊娠しました！」と報告を受けたことがあります。あのときは、本当にうれしかったです。

私がみなさんにいちばんお伝えしたいことは、

「自分が変われば、相手もガラリと変わる」ということです。

ですが、その「変え方」を知らない人がとても多いのです。

Chapter2からはコミュニケーションのコツをお伝えしていきますが、その一つひとつは超カンタンなことばかり。実践するだけで人生がカラフルで豊かなものになります。良いコミュニケーションには、人生を大きく変える力があるのです。ただし、実践できなければ何も変わらないどころか、後退していくばかりです。

ぜひ、コミュニケーションの小さなコツをつかんで、あなたならではの魅力を解放していきましょう。そして人生をもっと楽しんでください。

column

体を動かして
ネガティブ思考を断ち切る！

Chapter 1 でお伝えした、不安や警戒心の強さ、思い込みや考えすぎる癖などは、すべて出どころは同じです。これらのネガティブな思考は、自信がなく、自己肯定感が低いことからはじまります。

それならば「今日から自信満々で生きていきます！」なんてことができればいいですが、それも難しいでしょう。

ただし、**思考を簡単にポジティブ転換させる方法はあります。それは「体を動かす」こと**です。

体と心は深く影響しあっており、体を動かすことで脳が刺激されて、こり固まっていた思考も柔軟に動き出すのです。

これは誰にでもすぐにできるので、ぜひ試してほしい方法。

ネガティブな思考がぐるぐるとループしはじめたら、散歩をする、ストレッチやヨガをする。仕事中だったら、手を止めて深呼吸をして新鮮な空気を体に取り込むなど、そのときできる範囲でポジティブ方向に転換させていきましょう。

Chapter 2 でお伝えする「姿勢を良くする」や「いつも笑顔」もポジティブ転換のスイッチになりますよ！

今日は良いお天気
隣町までついつい
お散歩
しかも
給料日あとの
休日！
空気がうまい
あ、
新しく
オープンした
お店だ
ひとり優雅に
ブランチタイム
ホーーッ
私のささやかな
シアワセ
しかも店先で
スコーン食べる私
オシャレさんですか
ナツミ
さん？
は？
ハナさん？
ナツミさん！
お一人ですか？
ご一緒してもいい？
ニコッ
あ、
えっと・・・・
どうぞ
ドギマギ
こんなふうに
偶然お会いできる
なんて

なんだか
うれしいですね
ウフフ
え！
私と会えて
うれしい？
ハナさんが？
ホント？
ホントに？
ハ、ハナさん
今日はどこかに
おでかけ
・・・ですか？
ドギマギ
ドギマギ
いえ
いえ
私の家、
すぐ近く
なんです
ナツミさんの
お家も近く
ですか？
え！
あこがれのハナさんが
ご近所！
私もすぐ近く
なんです
言いたい！
…でも
えー
同僚と近所だなんて
いやだわ…
ピョコ
……なんて
なんて

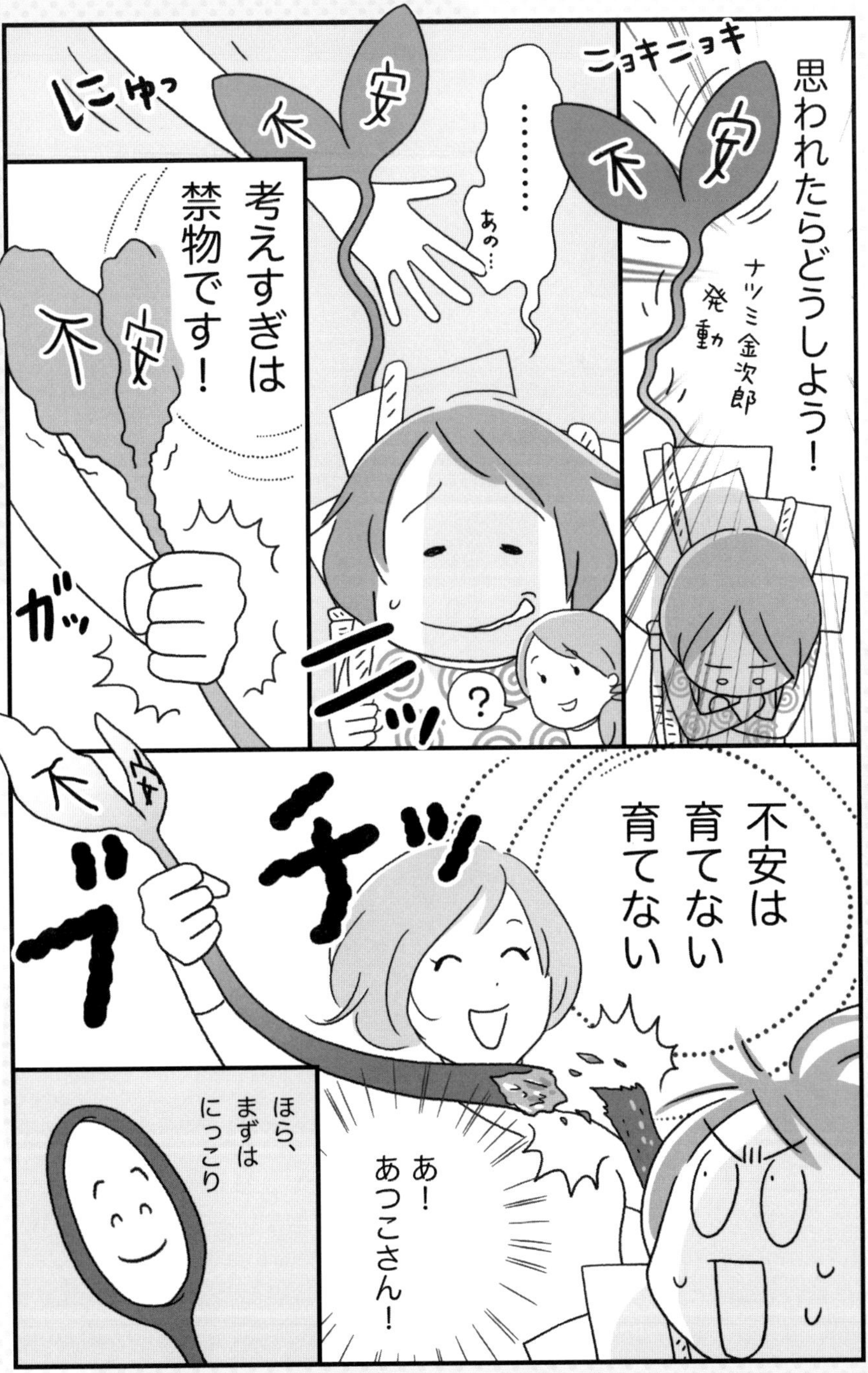
思われたらどうしよう！
ニョキニョキ
不安
ナツミ金次郎発動
にゅっ
不安
……
あの…
考えすぎは禁物です！
不安
ガッ
？
不安は育てない育てない
ブチッ
不安
あ！あつこさん！
ほら、まずはにっこり

そうだ
にっこりだ!
そう
そう
ほら
GO!
くる
?
わ、私の家も
近くなんです!
に――――っ
ほんと!? じゃあ、お休みの日に
こんなふうに
お茶できますね
ハイ!
よろしく
おねがい
します!
ニッコリ
不安
思い込み
考えすぎ
暗
OK~!

Chapter 2

魅せるコミュニケーション

準備編

非言語情報で
感じのいい人に

見た目や表情、声のトーンは
言葉より人を印象づけます。

コミュニケーションはただ言葉のやりとりだけではなく、その人全体が発する様々な情報で成されています。

アメリカの心理学者、アルバート・メラビアンが提唱した「メラビアンの法則」によると、見た目や表情、仕草などの「視覚情報」、声の大きさやトーン、テンポなどの「聴覚情報」、使う言葉や話の内容といった「言語情報」に分類した場合、視覚情報が55%、聴覚情報が38%、言語情報が7%の割合で伝えられると言われています。この法則は、「視覚・聴覚・言語」が示す情報が食い違う状況のなかで、コミュニケーションの受け手はこれらの3つのうちどれを重要視するかの実験によって導き出されました。

わかりやすくたとえると、言葉では「ごめんなさい」と謝っておきながら（言語情報）、口調がケンカごしであったり（聴覚情報／非言語情報）、ふてくされた顔をしていた（視覚情報／非言語情報）場合、相手は言語情報より非言語情報によって強く印象づけられるということです。確かに謝っている人がそんな態度だったら「本気で謝る気があるのかー！」となりますよね。

ここで大切なことは、**視覚や聴覚といった非言語情報は、言語情報よりも**

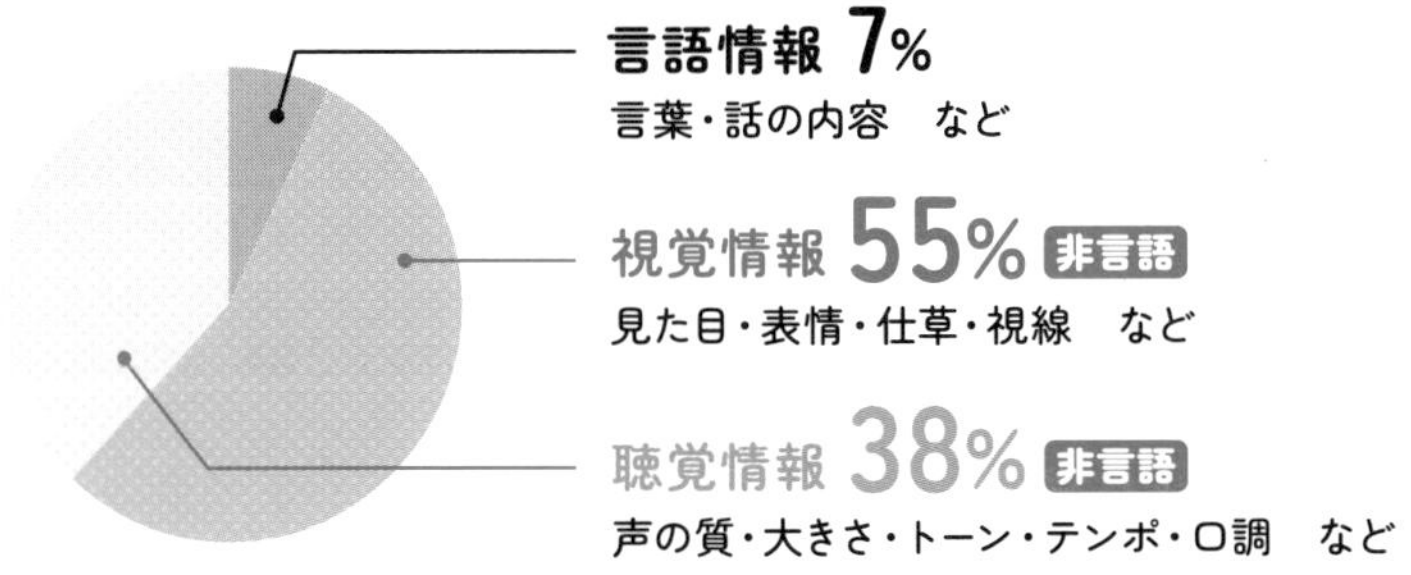

メラビアンの法則

はるかにウエイトを占めるということです。もちろんコミュニケーションにおいて言葉は大切ではありますが、目や耳から入る情報はそれ以上にその人を印象づけると言い換えることができます。

つまり「流暢に話ができない＝コミュニケーション下手ではない」ということです。**身だしなみがきちんとしていて、いつも姿勢に気をつけて、笑顔で、人の話を誠実に聞く姿勢があれば、あなたの印象を損なうことはありません。**

想像してみてください。外国からの旅行者が誰かに道を尋ねたいとき、日本語がわからなくても表情やボディランゲージなどでなんとかかんとか伝えようとする。もしもその人がちゃんとした身なりで、礼儀正しく尋ねてくれたら、役に立ちたいと思う人が多いはずです。反対に清潔感がなく、不遜《ふそん》な態度だったらスルーしてしまうでしょう。これがコミュニケーションの本質です。

この章では、良いコミュニケーションの準備編として、非言語情報についてお伝えしていきます。

清潔感とTPO

人に不快感を与えない、感じ良く映る身だしなみとは？

人は目に映るものを意識せずとも自然とチェックしています。洋服、持ちもの、髪型など全てのことを瞬時に見ており、それが印象としてインプットされるのです。そこで最も大切なことは「装いや振る舞いに清潔感があるかどうか」です。

着飾ったり、高級なものを身につけたりする必要はありませんが、髪のケアはちゃんとできているか、服や靴に汚れはないかなどを確認し、常に清潔なものを身につけるようにしましょう。とくに服の襟元や袖元は自分では気づきにくく、人からは汚れが目立つ箇所ですから、チェックする習慣を持つといいと思います。シャツやブラウス、スーツやワンピースなど「きちんと感のある服」は、シワがないように気を配りましょう。

司会者やニュースキャスターを参考に

「清潔感のある装い」は、見る人に「生活がきちんとしているな」と好印象を与えます。もちろん肌感覚として自分も気持ちいいのですが、それとともに、人に対してクリアであろうとする意識が見る人をもシャンとさせるのです。

好印象の3大ポイントは「清潔感・良い姿勢・笑顔」。そこに、よく通る声があればコミュニケーションはうまくいきます。

私はテレビ番組でMCを担当することがありますが、この仕事ではとくに清潔感が求められます。画面越しにたくさんの視聴者がいらっしゃるわけですから、髪型一つとっても「ちゃんと顔が見えているか」などが厳しくチェックされます。前髪が少しでも目にかかっていたらアウト、主張の強い服もアウトです。芸能人やコメンテーターなどは、自分らしい個性的なファッションでいいのですが、MCは中立の立場で番組を進行していく仕事ですから、誰から見ても「感じ良く映る」というのが大前提。そういう意味では、情報番組のMCやニュースを読むアナウンサーなどの装いが参考になると思います。

装いも会話もTPOを大切に

コミュニケーションにおいて、清潔感とともに気を配ってほしいのがTPOです。装いだけでなく、話し方や話の内容なども「時／Time」「場所／Place」「場合／Occasion」に配慮しましょう。プライベートな時間であっても、その場に合った装いや振る舞いをすることは、時間をともにする人への思いやりです。そのうえで自分のファッションを楽しみましょう。

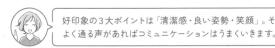

Work 2 清潔感セルフチェック！

相手の装いを不快に感じても、
そのことを指摘する人はほとんどいません。
だからこそ、出かける前に
自分で清潔感チェック！

髪

- □ 髪がベトベトしていませんか？
- □ フケが出ていませんか？
- □ 前髪が顔にかかっていませんか？
- □ 寝癖はついていませんか？
- □ 枝毛や白髪のケアはしていますか？

顔

- □ 濃いお化粧をしていませんか？
- □ 眉毛や産毛はケアしていますか？
- □ 肌や唇が荒れていませんか？
- □ 歯に黄ばみがありませんか？

体

- □ 良い姿勢をキープしていますか？
- □ においケアをしていますか？
- □ 肘や膝、かかとがガサガサしていませんか？
- □ 爪は清潔ですか？
ちゃんと手入れしていますか？

身につけるもの

- □ 服に汚れやシミがありませんか？
- □ 服にちゃんとアイロンがかかっていますか？
- □ ボタンが取れていたり、ほつれたりしていませんか？
- □ ポケットにものを入れすぎていませんか？
- □ 靴は磨いてありますか？
- □ 靴のかかとがすり減っていませんか？
- □ メガネが汚れていませんか？
- □ バッグの中身は整理されていますか？
- □ ＴＰＯに合った装いですか？

良い姿勢をキープ！

姿勢を良くするだけで、
好印象を与えることができます。

みなさんは、普段の自分の姿勢を意識していますか？ 姿勢の良し悪しは、自分が思っている以上に他者への印象を左右しています。

姿勢は身だしなみと同様に、最も人をイメージづける要素なのです。清潔感のある装いをしていても、猫背になっていたり、首だけが前に出ていたり、立ち姿や歩くときに膝が曲がっていると魅力が半減します。

テレビに出ている人を見てみてください。報道番組に限らずカジュアルな娯楽番組でも、姿勢の悪い人はほとんどいないと思います。人前に出る以上、良い姿勢を保つことはプロとしての心得なのです。とくにＭＣやアナウンサーは画面に出ている時間が長いため、姿勢の悪さは番組の雰囲気の悪さに直結し、視聴者離れの原因の一つとなります。また、姿勢が悪いことで声も出にくくなるのでなおさらです。

姿勢が見る人に与える印象

とくに体調が悪くなくても、背筋が曲がっているだけで「元気がない」「やる気がない」「具合が悪そう」「悩んでいるのかな」などとネガティブな印象を与

パソコン作業やスマホを覗き込む姿勢が続くと、巻き肩になりがちです。そうなると肩や首のこり、腰痛が出てしまったり、呼吸が浅くなって声も出にくくなります。巻き肩にならないよう意識して胸を開くだけで、体のトラブルを回避でき、姿勢も格段に良くなります。

えてしまいます。人は自分の経験をベースに、勝手に印象づけてしまうのです。一方で、姿勢が良い人は、「明るい」「元気」「健康的」「信用できそう」「頼もしい」「清潔感がある」「礼儀正しそう」「品がいい」……などなど、その人の好感度を格段に高くします。

姿勢の良さがもたらすメリット

他にも良い姿勢をキープするだけでこんなメリットがあります。

●背筋を伸ばして良い姿勢を保つことで、胸部が開きやすくなり呼吸が深くなります。腹筋や背筋を使うため**基礎代謝が上がり、ダイエットにも効果的！**

●骨格や筋肉の連動がスムーズで**体調が整いやすくなります。痛みや不調も出にくくなります。**

●**疲れにくくなり、**なんらかの理由で疲れたとしても回復が早くなります。

●声が安定して出やすくなり、**声量も上がります。**

悪い姿勢が続くと、これらの逆のことがデメリットとして出てきやすくなります。意識して良い姿勢を保つようにしましょう。

Work 3 普段の姿勢をチェック！

1 動画でチェック

家族や友だちにお願いして、普段のあなたを予告なしに動画撮影してもらいましょう。意識していないときの自分の姿勢や立ち姿、歩く姿をチェックすることができます。

2 壁立ちでセルフチェック

① 壁から20㎝ほど離れた場所に、壁に背を向けて普段通りに立ちます。

② その姿勢のまま後ろに下がって、かかとを壁につけます。

そのとき、**「後頭部・背中・お尻」の3点が壁についたら良い姿勢**です。どこかがついたり、ついていなかったりするなら、姿勢が乱れているかもしれません。

姿勢が乱れていると、人にネガティブな印象を与えてしまいます。

Work 4 良い姿勢のつくり方

① 丹田(おへその下に手のひらを添え、薬指あたりの場所)に力を入れます。

② 背骨に沿って長い棒が入っているイメージで、頭から骨盤までをまっすぐにして立ちます。

Point 腰は反らない!

③ 両肩をグーッと引き上げ、肩の力を抜いてストンと落とします。

④ 胸を開いて、顎を引きます。

自分を上から
見たときに、
頭と肩が一直線に
並ぶイメージ

Point 椅子に座るときは、坐骨を立てて深く座ると良い姿勢を保ちやすくなります。

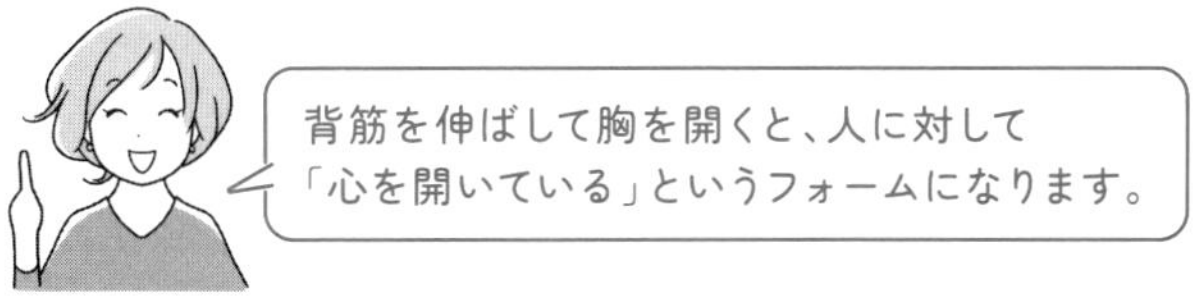
背筋を伸ばして胸を開くと、人に対して
「心を開いている」というフォームになります。

心からの
笑顔は距離を縮める

気持ちをフラットに保って
ナチュラルスマイルに。

顔の表情は「喜び」「悲しみ」「驚き」「怒り」「恐れ」「嫌悪」「無表情」の7つに大きく分けられます。このうち、人にポジティブな印象を与えられるのは喜びの表情だけ。つまり「笑顔」です。

笑顔は人との距離をギュッと縮めてくれる、コミュニケーションの大切な要素。相手に対して「心を開いていますよ」と示す、ポジティブなサインとなります。

もちろん、なんでも笑顔でパスできるわけではありません。イライラしているのに笑顔をつくっても違和感を醸《かも》し、逆に相手を怒らせてしまったり不信感を持たれたりします。「つくり笑い」「苦笑い」「うすら笑い」「せせら笑い」など笑顔の種類がたくさんあるのはマインドが透けて見えるからです。

私はテレビやラジオの仕事を通して、みなさんに楽しく明るい気持ちになっていただこうと努めていますが、そのためにまずは自分の気持ちを整えることからはじめます。

自分が平和でフラットな状態であればこそ、感動や共感、相手へのリスペクトが生まれ、自然と笑顔になるのです。

イメージの5倍の笑顔でちょうどいい

マインドはあるのに笑顔が出ない、という人もたくさんいます。コミュニケーションが苦手な人によく見られるケースですが、みなさんそのことに気がついていないようです。

あつこ塾では、塾生同士の会話を動画で撮影して自分で確認してもらいます。すると、自分の表情や体がガチガチに固まっていることに、みなさん愕然《がくぜん》とされます。楽しく笑っているつもりでも顔はまったく動かず、口角が1㎜も上がっていない自分を見て、「私ってこんなに地蔵みたいなの？」と驚く方がなんと多いことか！

「スマイル指数」なるものがあるならば、イメージの5分の1くらいの数値です。それならば、5倍くらい大げさに笑ってちょうどいいということなのです。

Work 5 「グーパー体操」で顔ほぐし

顔の筋肉がこわばっていると、
笑っているつもりでも表情が硬く相手に伝わりません。
簡単なグーパー体操でほぐしましょう。
この体操は顔色を良くしたり、むくみの改善などにも期待大！
緊張をほぐしたいときにも役立ちます。

step 1 すべての顔のパーツを中心にギュッと集めます。

step 2 集めた顔のパーツを大きく開きます。顔が長〜くなるように意識して、まゆも目も口も開きましょう。

step 3 このグーパーを10回くり返します。

手のグーパーも一緒に！

顔のグーパーと一緒に手もグーパーしましょう。手をギュッと握って（グー）、次に大きく開く（パー）ことで、「自律神経を整える」「血流改善」などが期待できます。

Work 6 「あいうえお体操」で顔ほぐし

声を出しながら顔全体を大きく動かすことで、
顔の筋肉がほぐれて表情が豊かになります。簡単な体操ですが
母音発声の練習にもなるので声のトレーニングにもなります。
ほうれい線予防やマスク生活でだれてしまった
口元をキュッとひきしめる効果もありますよ。

あ　大きく口を開けて「あー」。
目も見開きましょう。

い　口を思いっきり横に伸ばして
「いー」。

う　口を精一杯突き出して「うー」。
顔全体を中心に寄せましょう。

え　口角が上がるのを意識して「えー」。
これが笑顔の
基本フォーマットです！

お　顔を縦に伸ばして「おー」。
鼻の下もしっかり伸ばしましょう。

相手を
笑顔にする笑顔

赤ちゃんが笑うときのような、見る人を幸せにする極上スマイルとは？

顔の体操で表情筋がほぐれたら笑顔の練習をしましょう。

ここで言う「笑顔」とは、ただ笑っている顔ではなく「相手を笑顔にする笑顔」です。赤ちゃんがニコニコッと笑うのを見るとみんな笑顔になりますよね。そんなふうに、思わずつられて笑顔になってしまう顔。そのポイントは、笑ったときに**「上の歯が８本見えている」**ことです。

みなさんも鏡の前で、自分の笑顔を見てみてください。この極上スマイルがナチュラルにできる人は、おそらく少ないと思います。**上の歯を８本見せるには、「あいうえお体操」の「え」のように限界まで口角を引き上げるとうまくいきます**が、表情筋が固まっているとなかなか力が必要になります。

ですから、まずは「グーパー体操」と「あいうえお体操」で顔の筋肉をよく動かすようにしましょう。バスタイムなどに湯船でやるのも血流が良くなるのでおすすめです。

某有名芸能事務所では、デビュー前にこの笑顔トレーニングを徹底的に行い、全員が極上スマイルを身につけるそうです。書店などで、雑誌の表紙を飾る笑顔のタレントを見つけたら、ぜひ上の歯を数えてみてくださいね。

Work 7 極上スマイル練習法

笑顔はコミュニケーションのパスポート！
割り箸を使って口角を上げるトレーニングで、
人がつられて笑顔になるような極上スマイルの持ち主を目指しましょう。
日常的に目が笑っている状態を意識すると、
やわらかい、やさしい笑顔になります。

目も笑っている
頬の盛り上がりを
感覚として
覚えておくとGood
上の歯が8本
見えるところまで
口角を上げる
表情が
左右対象になると
なおGood!

① **割り箸の中央を両奥歯でくわえ、水平になるように1分間キープ。このとき、唇が割り箸にふれないように保ちます。**

② **割り箸を外してもその笑顔のままでいるようにしましょう。**

笑顔は顔の筋トレ。常に笑顔を意識しておくとどんどん美しいやさしい顔になります。

目元でやさしい印象に

「あいうえお体操」の「お」のように、おでこ、まゆ、目、鼻の下、口を縦に伸ばすことで、目のまわりの筋肉（眼輪筋）もやわらかく保つことができます。目は最もマインドを表すパーツですから、やさしい気持ちになるだけで自然とやさしい目元になります。

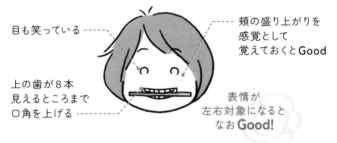

笑顔がもたらすたくさんのいいこと

常に笑顔でいることは、コミュニケーションの他にも
たくさんの「プラス効果」をもたらします。
それどころか、笑顔は人生を明るいほうへ導いていきますよ。

1 記憶力アップ

笑うことで脳が活性化されます。とくに「海馬」の記憶容量が増え、記憶力が良くなると言われています。また、笑うと脳内ホルモンの一つ「エンドルフィン」が分泌され、幸福感を得られるのだとか。

2 病気のリスクを軽減

笑顔でいることで口まわりの筋肉が鍛えられ、筋肉が唾液を押し出すポンプとなることから、唾液の分泌量が増えます。唾液には抗菌作用があり口内を健康に保ったり、消化を助けたりすることから、健康にも大きく貢献します。

3 ストレス撃退

笑顔でいると、ちょっとした悩みがあっても「たいしたことないな」と思えてきます。実際に脳内でアルファ波が増えてリラックス効果も大きいのです。だから、悩みすぎず笑顔でいることってとても大事です。

4 きれい度アップ！

いつも笑顔でいることでほうれい線が薄くなり、顎のラインもスッキリしてますますステキな笑顔に。逆に表情が乏しいままでは、たるみやシワなどが出やすくなり、気持ちまで憂鬱に。**笑顔は最強のアンチエイジング法**と言えるでしょう。

column

ポジティブな心が魅力的な顔をつくります

笑顔がステキな高齢の方を見ると、豊かな人生を歩んでこられたのだろうと想像します。やさしい、やわらかい雰囲気のなかに、人生の深みや力を感じるのです。

「顔」は20代までは親からもらったものですが、30代になると自分のものになります。そして40歳を超えると、その人の心がはっきりと表情に表れてくるので、どんなにとりつくろっても嘘をつけません。ポジティブな笑顔で年齢を重ねて、楽しく、若々しく生きていきたいですね。

声は変えられる

**怖がらずに声を出すことから
はじめましょう。**

自分の声にコンプレックスを持っている人がたくさんいます。あつこ塾の塾生のなかにも「自分の声が好きじゃない」という方や、「声が聞き取りにくい」「声が小さい」などと人に言われて、それが原因でコミュニケーションを避けている方がとても多いです。

声について注意や嘲笑《ちょうしょう》を受けると、また注意されるかもしれない、また笑われるかもしれないと、どんどん自分を追い込んで話すことをあきらめる人もいます。気持ちも萎縮することで姿勢も悪くなり、ますます声が通りにくくなります。本当に悪循環です。

けれども、**声はほんのちょっとのトレーニングと心がけで変えられる**のです。私自身、自分の声に悩んでいた過去がありますが、今では大勢の前に出て話をする仕事をしています。

声を変えることはそんなに難しいことではないのです。コンプレックスを乗り越えて、どんどん声を出して「自信をつけてほしい」です。**相手に聞き取りやすい、感じのいい声にすることで、人間関係が格段に良くなる**ということをお約束したいと思います。

column

「おば声・おじ声」になっていませんか？

前のページで「声は変えられる」とお伝えしましたが、もう一つお伝えしておきましょう。「声は年をとる」です。

スキンケアやヘアケア、体型維持には積極的に取り組んでいるのに「声のアンチエイジング」にはほとんどの人が意識していないように思います。しかし何もしないでいると、加齢によるホルモンの影響や筋力の低下など様々な要因で、声はどんどん「おばさん声」「おじさん声」になっていくのです。

声は人の印象を決める大きな要素です。張りのある明るい声の人はいつまでも若々しい印象がありますよね。

私はアナウンサーや声優、ナレーター、歌手の方々など、声のプロに囲まれて仕事をしていますが、もちろんみなさん、声が圧倒的に若い！ 見た目も若くて年齢不詳な人ばかり！ プロですから特別なトレーニングをしているということもあるのですが、誰にでも真似できる共通点があります。それは姿勢が良いということ。姿勢と声は大きく関係しているのです。人は年齢を重ねるとどんどん猫背になりますので、P.55を参考に良い姿勢を保ち、声のアンチエイジングを意識しましょう。

「聞き取りやすい声」は好感度を上げる

**声のファーストインパクトは
脳内に鮮明に残ります。**

レストランなどを電話予約する際、なんとなく不快な思いをしたことがありませんか。電話の相手のことを知っているわけでもない、あからさまに失礼な態度をとられたわけではないのに、なぜか「感じ悪い」と思ってしまう。これは声の印象かもしれません。

「声」は大脳の奥深くにある大脳辺縁系に音として入っていきます。そこは「安全か、安全じゃないか」「心地よいか、不快か」などを動物的に感じ取る領域です。人は考える前に、最初に声を聞いた時点で生理的な「好き・嫌い」のイメージを持ってしまうということです。

このファーストインパクトは脳内に鮮明に残ります。裏を返せば、感じの良い聞き取りやすい声を出すことは、第一印象を良くするのにとても役立つということです。

好印象を残すために大切なことは「清潔感」「良い姿勢」「心からの笑顔」とお伝えしてきましたが、それにプラスして「聞き取りやすい声」も重要なアイテムだと頭においておきましょう。

誰からも 勝手に

愛されるのはこんな人

清潔感	良い姿勢	心からの笑顔	＋	聞き取りやすい声
P.48 参照	P.52 参照	P.56 参照		P.66 参照

「心地よい声」とは？

心地よい声の条件として、最も大切なのは
「聞き取りやすい」ということ。
声のトーンや話すスピード、選ぶ言葉など表現力も大切ですが、
その前に「相手にクリアに届くかどうか」を意識しましょう。

聞き取りやすい声

- 張りがある
- よく通る
- 明るい
- 響く
- やわらかい
- ノイズがない

聞き取りにくい声

- 小さい
- 荒れている
- 弱々しい
- かすれている
- 暗い
- 甲高《かんだか》い
- 低すぎる
- うるさい
- モゴモゴ
- ボソボソ

声が良くなると
どうなる？

好感を持たれる

信頼されやすくなる

やる気が出てくる

自信が持てる

▼

コミュニケーションが
スムーズになる

▼

仕事のミスがなくなる

▼

人間関係が良くなる

声には個性がありますが、どんな声も姿勢や表情、息の強さなどで聞き取りやすい、個性を活かした良い声になります。良い声は人に好感を持たれ、コミュニケーションがスムーズになり人間関係のストレスも軽減されます。

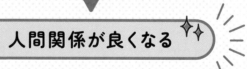

声と滑舌のトレーニングに

音読のすすめ

脳の活性化、健康、
メンタルの安定も期待できます。

私はプロになって20年以上経った今でも声を出すことの大切さを実感します。たとえば、私がＣＭや番組のナレーションなどを録音するとき、ディレクターに「生放送が終わってから録音しましょうか」とよく言われます。

その理由は、声をある程度出したあとのほうが響きの良い声が録《と》れるうえ、滑舌も格段に良くなるからです。実際に、毎日担当している生放送でも、週末を挟むと月曜日は声の伸びが悪かったりします。声もスポーツと同じで、準備運動が必要ということなのです。

音読がもたらすたくさんの効果

潤いのある、魅力的な声にするために、最も簡単な準備運動は「音読」です。読むものはなんでもＯＫ！ 小説やエッセイ、新聞など自分が読みやすいものでかまいません。毎日１分でもいいので、口を大きく動かしながら近所迷惑にならない程度の大きな声で音読してみてください。

音読を習慣にすることで、口まわりや舌の筋肉が鍛えられ、滑舌が良くなって大きな声が出せるようになります。声を出すと気持ちがいいうえ、聞き取

この本を読んでくださっている方のなかに、小さなお子さんをお持ちのママがいらしたら、ぜひ積極的に絵本を読んであげてくださいね！　数々の音読の効果に加えて、親子の温かい時間の中でお子さんはお母さんの声に癒やされ、さらにご自身も心の安定を得られる絶好の幸せ時間です。

りやすい良い声が定着しやすくなります。

さらに、音読は健康やメンタルにも良い影響がたくさんあります。声を出して読むことで、黙読するときに比べて3倍から5倍の酸素を使うと言われています。つまり、音読は有酸素運動をしているということなんです。

私が担当するラジオの生放送は5時間あるのですが、途中からお腹が「グーーッ」と鳴って相方に笑われるときがあります。声を出すということは、それだけ体力を使っているということなのですね。

また、音読すると、文字を目で見て脳に入力することで「視覚性言語中枢」が働き、口や喉、舌を使って声として出力することで「運動性言語中枢」が働き、その声を自分の耳で聞くことで「聴覚性言語中枢」が働きます。つまり音読は二重にも三重にも脳に働きかけているのです。しかも、音読をしているときは、脳内に「セロトニン」という神経伝達物質が分泌されることも確認されたそうです。セロトニンは心を安心させてくれる幸福物質の一つです。

音読することで声が良くなり、運動効果もあり、脳が活性化されて、心をも安定させるわけですから、すごいトレーニングなのです。

良い声をつくる
トレーニング

**声のウォーミングアップは
リラックスやヘルスアップにもつながります。**

声は声帯だけで出すのではなく、腹筋で横隔膜を動かし、肺を圧《あっ》して息を吐き、吐く息で声帯を振動させ、この振動が喉・口・鼻の空間（共鳴腔）で響いて声となる、というように体内の複雑な動きが関係しています。さらに声を言葉にするときは舌や唇、歯を使うなど、様々な器官や部位を使っているのです。

これらを一つひとつ理解するのはとても難しいので覚える必要はありませんが、**「良い姿勢」と「笑顔」、それに加えて「深い呼吸」は意識し続けてください。**良い姿勢と笑顔は視覚的に好感度を上げるために大切なこととお伝えしてきましたが、良い声をつくるための必須条件でもあります。

姿勢が良くなると体内の動きの連動がスムーズになります。笑顔は表情筋が鍛えられ、高い声を出しやすくなって声が明るくなります。さらに、日常的に呼吸を深くすることで声量が確実に上がるうえ、リラックスや健康にも大きく貢献します。声のトレーニングをしているうちに持病が良くなったり、体調不良がなくなったというのもよく聞く話です。

健康効果も期待できるので、次のページでご紹介する声のためのウォーミングアップもやってみてくださいね。

Work 8 上半身のウォーミングアップ

声優など声のプロは、
高齢になっても若く躍動的なキャラクターを演じていますよね。
そのために数々のトレーニングを行っていますが、
その基本となるのは体を柔軟に保つこと。
とくに、首と肩をやわらかくしておくことで発声しやすくなります。

首のストレッチ

① 首を左に倒し、数秒間キープ。
右側も同様に。

② 首を前に倒し、数秒間キープ。
後ろ側も同様に。

③ 首をゆっくりと左回し。
次に右回し。

肩のストレッチ

① 両手をそれぞれの肩に添え、
前に大きくゆっくり回す。後ろ回しも同様に。

② 両肩をグーッと持ち上げて、
力を抜いてストンと落とす。

笑声《えごえ》を出そう

声と笑顔をセットにすると、
高く明るい声になります。

「君、声が全然笑っていないよ。リスナーさんにはあなたの顔が見えないんだからしっかり声を笑わせないと」

私がまだ声の仕事をはじめたばかりの頃、ラジオの収録先で先輩からこのような指摘を受けたことがあります。「声を笑わせる」とは、「あははは」といったいわゆる「笑い声」ではなく、明るい笑顔が想像できるような声のことです。ラジオや電話などでは相手の顔が見えないことから、とくに大切になります。

その後、自分で録音を聞いてみた私は愕然としました。自分では穏やかに話しているつもりだったのに、ぶっきらぼうに聞こえている!!

そう、先輩の指摘通り、声がまったく笑っていなかったのです。それからは何度も自分の声を録音しては聞き、修正をくり返して笑声《えごえ》を出せる癖をつけました。

笑声を出すコツは**口角を上げて話す**こと。つまり、**笑顔であること、そして気持ちも笑って話すことです。**そうすることでやさしい明るい声が出るようになり、相手に穏やかに届きます。

笑声も笑顔と同様に、自分のイメージの5倍で

「笑顔」のページでもお伝えしましたが、動画に撮った自分の笑顔を見てみると、ほとんどの人が口角を１㎝上げたつもりでも１㎜も上がっていません。自分の「〇〇したつもり」はとてもとても控えめなのです。

しかし、口角がちゃんと上がっていなければ、笑顔・笑声にはなりません。表情も声も自分のイメージより5倍大げさにするくらいでやっと相手に伝わるのだと覚えておきましょう。

笑声は、笑いが入っていることで、声の振動幅が大きくなります。また、振動数がぶれずに一定しているため、聞き手を惹きつけて安心させる声になるそうです。結果、相手に心地よく届き、その人の信頼性をグッと高めます。

人はよほどの理由がない限り、笑顔・笑声で話をする相手を嫌ったり遠ざけたりしません。これが日常的にできるようになると、あなたのコミュニケーションスキルは格段に上がります。

声のトーンを使いこなす

いつもの声より
2音高い声を意識しましょう。

声はトーンだけで様々な表現が可能です。アナウンサーや声優など、声を使う仕事をしている人たちは、高い声も低い声も全部使って、声量や話し方を微妙に調整しながら伝えたいことを表現します。

しかし、ほとんどの一般の人たちはそこまで声を使いこなしていません。だいたい3音くらいで表現している人が多いようです。地声が「ミ」だとしたら、あとは1音高いか低いかの「ファ」「レ」あたりの音程で話をしているということです。

そこで一つ提案です。自分のナチュラルな声から2音高い声を意識して話してみましょう。それだけで声はずいぶん明るい印象になり、相手に心地よく届きます。

もちろん声にもTPOがあります。お葬式会場や図書館などでは、自然と声を落としますよね。また、深刻な話をするときもやはり声を落ち着かせて話します。これはみなさん意識せずともその場の雰囲気でできていると思いますが、声を高く出すことは意識しないとなかなかできないようです。

まずは挨拶のときなどに「2音高め」にチャレンジしてみましょう。ただ

「ファ」の音は警告によく使われます。踏切のカンカンという音は「ファ」と「ソ♭」の不協和音。夏によく行われる怪談も「ファ」を基調にすることが多いのだとか。

し、イライラしているときに高い声を出すと、まわりの人はとてもうるさく感じますので注意が必要です。

大勢の前で話すときは

高い声（音）は遠くまで届きますので、プレゼンテーションなど大勢の前で話をするときも2音高めの声で話しましょう。またその際は、「いちばん遠くにいる人を突き抜けるくらいの声量」を意識してください。「全員にちゃんと声を届ける」ということもコミュニケーションの大事な心得です。

ちなみに「ラ」の音は、みんなが興味を持ちやすい音と言われています。よく子ども番組などで「こんにちは～！　歌のおにいさんでーす」などと元気に呼びかけていますが、それも「ラ」の音が多いようです。

そういえば、オーケストラやギターのチューニング、ピアノの調律も「ラ」で合わせます。このように音に興味を持つととてもおもしろい発見があります。みなさんも「感じがいいなあ」と思う人の声や音に注意を向けてみてくださいね。

心地よく届く声のコツまとめ

1. 良い姿勢でまっすぐに声を出す
2. 笑顔・笑声
3. 地声より2音高い声
4. 声にマインドをのせる
5. 運動で適度な筋肉をつける
6. 体を温める
7. 深い呼吸
8. お酒やタバコは控えめに
9. 喉を冷やさない・冷たい飲み物を飲みすぎない

column

他者にネガティブな印象を与える非言語情報とは？

Chapter2では、見た目や表情、声などによる非言語コミュニケーションについてお伝えしました。とくに「他者に好印象を与える」ことに焦点を絞ってまとめましたが、当然のことながらその逆もありますので、ここで簡単にまとめておきます。

非言語情報	他者に与える印象
猫背	元気がない、やる気がない、不健康
腕組み	拒否・拒絶
腰を反らして話す	高圧的、怖そう、尊大
体が傾いている	斜に構えている、ネガティブ、神経質
体を揺らす	落ち着きがない、せっかち、気が短い
目を合わせない	自信がない、劣等感が強い、緊張
無愛想	自己肯定感が低い、人見知り
不潔	だらしない、生活が乱れている
聞き取りにくい声	自信がない、不安そう

非言語情報は言葉以上に相手に強い印象を与えますので、普段から気をつけましょう。

今日は会社のイベントで
街頭でドリンクを配っています
ピーチ・ドリンク
桃を
めし
peach
ピーチドリンクいかがですかー
さわやかでおいしいですよ
どうぞ
わい
わい
ハナさん…すごいなあ…

それに比べて
私ときたら…
ピ…
ピー…
ピー…
ピーチ・ドリンク
ポツン…
クックルー
ポー
ピーチドリンクいかがですか
おいしいおいしいピーチドリンク
部長もきてる…
しかも自ら…
キンチョー
ホラホラ!
ナツミさん!
背中が丸まってる!
ポンッ
ドキッ

こんなときの声の出し方は？
あつこさん！
え…えっと…
一番遠くにいる人に届くように…です
ぎゅっ
正解！
一番遠くって
クイクイッ
ここでーす！
ビューーーッ
ギョギョッ

ム！
ムリムリ
ムリムリ！
絶対ムリ！
えー？
聞こえないよー
ピ…
ピーチドリンク
いかが…
カァァァァァ
もっと大声で～
ピ
ピーチドリンク
いかがですか
どうしたどうした
こんなの
ムリ！

だってだって私…
大丈夫よ！
思いきって！
スー
ハー
スー
ハー
ピーチー
ピ…
ピーチド…
ドドリンクいかがですかー！
peach

OKー！
パチ
パチ
パチ
パチ
パチ
パチ
ーかくして…
ピーチ・ド・ドドリンクください
私もー
へー ドドリンク？
ハイ
ハイ
ハイ
ピーチ・ドリンク
ピーチ・ド
ピーチ・ドリンク
わー すごい

ナツミさん よく頑張ってるね！
ハナさん！
ありがとう ございます
ナツミくん …だっけ？ よくやってるね キミ！
ブチョー！！ ありがとう ございます！！
ありがとう
ありがとう
ピーチ・ド・ドドリンク
ドドリンク くださぃ
あつこ さん…！
ピーチ・ド！ ドドリンク くださーい
あの… ドドリンク じゃなくて… ピーチ・ドリンク なんです！
猫背
小声
地味
暗い
うん
うん

Chapter 3

人間関係を良くするコミュニケーション

実践編

挨拶は
好意を表すカタチ

形式だけですませずに、相手の目を見てニッコリ笑顔！
心のこもった挨拶を。

非言語のコミュニケーションスキルで見た目の印象が整ったら、次は実践のコツを学びましょう。

コミュニケーションで最も大切なのは何をおいても挨拶です。幼稚園や小学校でも最初に教えることなので、みなさんその重要性はわかっていると思います。しかし挨拶のしかた一つで、相手にインプットされる印象は天と地ほど違ってきますので、ここで改めて挨拶において大切なことをお伝えしていきます。

挨拶は必ず自分から

誰に対しても自分から気持ちよく挨拶しましょう。そうすることで、挨拶をされた人はもちろん、見ている人にも「いつもさわやかな人」だとあなたの印象が残ります。なかには挨拶を返してくれない人もいるかもしれませんが、それはあまり重要ではありません。「自分から挨拶する」と決めておけば、返してくれなくても傷つかずにすみますよね。

さらに、いつも変わらず挨拶をしてくれる人を嫌いな人はほとんどいません。そのうちに返してくれるようになりますし、そこから会話がはじまります。

相手の目を見て笑顔で挨拶する

職場や近所の人など、毎日顔を合わせる人への挨拶はついつい形だけになってしまいがちですが、それでは意味がありません。「挨拶はマナー」ということが耳馴染みすぎて、「挨拶しておけばいいよね」とついつい形式だけですませる人も多いですが、本来挨拶の根底には「あなたと良好な関係を保ちたい」という気持ちが込められています。ちゃんと相手の目を見て笑顔で挨拶し、その気持ちをしっかり届けましょう。

挨拶するときは相手の名前を呼ぶ

オフィスの廊下ですれ違うときなどは、目を合わせて会釈するくらいでOKですが、少し距離があるような場合は「○○さん、おはようございます」というように、相手の名前を入れて挨拶しましょう。そうすると相手は必ず気がつきます。

また、相手の名前を呼ぶことで距離がグッと近づきます。もう少し仲良くなりたいなあと思うときなども「〇〇さん、こんにちは！」と名前を入れることで相手への好意をさりげなく伝えられます。人づきあいが苦手という人には、相手の名前を呼ぶことが大きな助けとなります。

挨拶は自分の気持ちを穏やかに保つスイッチ

挨拶は多くを語らなくても相手と良好なコミュニケーションを保つことができる簡単な方法です。また、自分から笑顔で挨拶をすることは、自分自身の気持ちを安定させるスイッチにもなります。

どうしても憂鬱な朝、とぼとぼ出勤したとしても、いつも通り自分から笑顔で挨拶をすることで、気持ちを切り替えられます。仕事を終えて疲れきっても「お疲れさまでした！」と自分から声をかけ、「お疲れさまでした！」と返してもらう。この労《ねぎら》いの言葉で疲れがちょっとだけ飛んでいくでしょう。身近な人との小さな声のかけあいで癒やされることもたくさんありますよ。

column

相手の名前を呼ぶ効果

仕事で取材に行ったときなど、初対面の人にインタビューをすることが多いのですが、相手の方は最初とても緊張されています。カメラクルーが大勢押しかけて、マイクを向けられ、撮影されながらインタビューを受けるため、大抵の方はカチカチになって笑顔どころか言葉すら出てこない方もいらっしゃいます。

そんなとき私は、相手の名前を何度も呼ぶようにしています。たとえば、お店の取材で店長にお話をお聞きする場合、

「○○店長、こちらでお話を聞かせてください」

「そうだったのですか!?　○○店長も驚かれたでしょう」

といった具合です。そうすると相手の緊張がゆるむとともに、私との距離が縮まることがよくわかります。**人は自分の名前を呼んでくれる人に親近感や好感を抱くものなのです。**

前のページで「挨拶に相手の名前を入れる」ことをおすすめしましたが、他のシチュエーションでも同様です。

接客業では、何度も来店してくれる顧客の場合は「お客さま」ではなく「○○さま」と名前で呼ぶことが多いです。人は自分の名前を呼ばれると、「認めてもらえている」と感じてうれしいのです。

みなさんもコミュニケーションのなかで相手の名前を積極的に呼んでくださいね。

雑談が
「場」を温める

雑談は相手との関係性を
なめらかにする潤滑油です。

リーダー向けの企業研修などでよく聞く受講生の悩みに「雑談ができない」があります。入社から5〜6年経ち、会社の戦力となって働いている人たちは、商談やプレゼンテーションの場では問題なくスラスラ話せます。伝えたいことを短くかつ的確に相手に届けるスキルは、仕事のなかで十分に培ってきているのです。しかし、その前段階となる「雑談で場を温める」ことが苦手という人がとても多いです。

ビジネスに限らず、コミュニケーションはその場限りではありません。本題だけ話して終わり、というのではちょっと味気ないですよね。場を温めるとは、相手との関係性をやわらかくつなぐためにとても大切なことなのです。

一見して無駄話のようでも、その場があるから人間としての魅力が垣間見えたり、相手に興味を持ったり、プラス効果がたくさんあります。職場でも楽しい雑談の場があることで、会社の風土や雰囲気が明るくなって連帯感も生まれやすくなります。

リモートワークやマスク生活が続いたここ数年は、とくに対面でのコミュニケーションの機会が激減し、ますます雑談力が落ちていると感じます。

複数人で雑談をするときは、話している人の顔を見ましょう。
自分が話をするときは、みんなの顔を見るように気を配りましょう。

雑談で失敗しないコツ

「雑談って、何を話したらいいんですか？」などの質問を受けますが、「雑談」と言うくらいですから深い話は不要です。ほんの少しの時間、その場がやわらかく朗らかに過ぎていけばそれでいいのです。

話題に決まりはないですが、できれば**「ライブ（今）」の話をしましょう。**いちばん手っ取り早いのは、お天気の話やその日に流れたニュースのことなど。ただし、政治的な話題はＮＧ。残酷な事件なども避けて、心がぽかぽかするような話題がいいですね。また、その日の相手の装いについて褒めるなど、目に見えている話題もいいと思います。ポイントは**「誰も傷つかない」「相手が答えやすい」**内容と覚えておきましょう。

相手に話しかけられて「はい／いいえ」で答えるのではなく、一言つけ加えると会話のキャッチボールができます。こちらから話しかけるときも、相手の短い返事だけで終わらないよう、コミュニケーションを続けやすい聞き方をしましょう。次のページではその具体例を紹介しますので参考にしてください。

雑談力アップの手引き

とりとめもない話でも雑談は人間関係を構築する絶好の機会。
ここでは会話の具体例をもとに、
コミュニケーションのポイントをまとめます。

Situation

近くの店でランチをとったあと、営業から帰ってきた部長とバッタリ会ったハナさん。一緒に会社まで並んで歩いています。

初級

田中部長、お疲れさまです。

ハナくんか、お疲れさま。お昼休みかい？

Point
- 相手の名前を呼ぶ
- 目を合わせる
- にこやかに挨拶

中級

はい、近くに新しいおうどん屋さんができたので行ってきました。部長はお昼をとられましたか？

私はこれから定食でも食べようかと思ったが、うどんもうまそうだな。

Point
- ライブ（今）の話をする
- 返事に一言つけ加えて会話を続ける
- 相手が会話を続けやすい質問をする
- まず自分の話をして、次に相手に同じ話題をふる

上級

これから行かれるなら、
お荷物をお預かりして持って帰りましょうか？

じゃあ、この傘を私の席に置いておいてくれ。
助かるよ。

（傘を受け取って）ステキな傘！
留め具に細工が施してあるんですね。

そうなんだよ（嬉）。
私もその留め具が気に入ってこの傘を買ったんだよ。
ありがとう、じゃよろしく頼むよ。

Point ●ステキと思ったことを素直に褒める

この会話は上司と外で会ったときのシチュエーション。ハナさんはしっかり部長の名前を呼んで挨拶をしていましたね（初級テク）。そして、たった今食べてきたランチの話をして、部長に同じ話題をふっています。**まず自分の話をして相手に同じ質問をする**ことで、相手はスムーズに答えられます（中級テク）。その後、さりげなく部長の持ちものを褒めたハナさん（上級テク）。さすがです！

ハナさんのコミュニケーションには、いつもマインドが伴っています。荷物を預かる気遣いもとても自然です。気持ちが伴わない親切は下心が透けて見えるということを覚えておきましょう。

聞き上手のコツ

「愛される聞き方」とは、
相手の話を熱心に聞き、理解や共感を示すこと。

「どうやったらうまく話せるようになりますか」とよく聞かれるのですが、私はいつも「無理に話さなくていいです」と答えます。これまで300人以上にインタビューをしてきましたが、コミュニケーションのカタチは人それぞれ、本当に人の数だけあると思うのです。

流暢にしゃべれなくてもポツンとおもしろいことを言って、その場をドッと沸かせる人もいれば、リズムよく会話を運びながらもとくに伝えたい内容はトーンを変えて印象的に話す猛者《もさ》もいます。弾丸のようにしゃべりっぱなしで「あれ、何を話したっけ？」と首をかしげる人もいます（笑）。

コミュニケーションスキルがついて、とくに意識しなくてもいろんな人と話せるようになったとき、「その人らしさ」が出てくるのです。ですから、無理に話そうとしなくても大丈夫。まずは相手の話をしっかり聞くことからはじめましょう。

なぜなら、コミュニケーションの基本は、話し方より聞き方にあるからです。相手の話に耳を傾ける「聞く力」があればコミュニケーションは成立します。ただ聞いているだけのように見えても、そこに相手への理解や共感があれば、相手はますます話したくなるのです。

相手の話を聞くときの基本姿勢

では、相手への理解や共感はどのように表せばよいのでしょうか。引っ込み思案の人はその点が不安になりますよね。

でも心配は不要です。そのポイントはたった一つ、「あなたの話をちゃんと聞いていますよ」と示すことです。それは言葉である必要はありません。姿勢や目線、頷きなどで伝えることができます。

相手にちゃんと体を向けて、顔や目を見ながら話を聞くようにしましょう。恥ずかしさから目線を下げてしまう人も多いのですが、それでは相手の伝えたいことがストレートに入ってきません。相手も「自分の話はつまらないのかな」と感じて、話すことを躊躇してしまいます。同様に腕を組んだりのけ反ったりなど「拒絶」の表現もＮＧです。その点に注意して、相手の話を真摯に聞くことができれば、相手はきっとあなたに好意を持ってくれますし、そこから良好な関係を構築することもできますよ。

会話がもっと楽しくなる
相槌とリアクション

「大げさかも」と思うくらいの反応で、
「ちゃんと聞いていますよ」とメッセージできます。

軽い雑談で相手の話をおもしろそうに聞くことができれば、その場はおおいに盛りあがります。ここではコミュニケーションがもっと楽しくなるコツをご紹介しましょう。

相槌は「さ・し・す・せ・そ」

「へえ」「そうですね」など、相手の話にリズムをつける相槌にはたくさんのバリエーションがあります。なかでも次の相槌には相手を喜ばせる効果があります。

- さ　さすがですね／最高ですね
- し　知らなかったです
- す　すごい／ステキですね
- せ　センスいいですね
- そ　その通りですね／そうなんですか

相槌は「あなたの話を理解していますよ」の表現です。これらの言葉を挟むことで、さらに相手の緊張をゆるめたり、気分を高めたりすることができます。

相手の話すテンポや声のトーンに合わせる（ペーシング）

相手がゆったりしたペースで話しているときは、こちらもゆったり構えて話を聞きましょう。落ち着いた声のトーンであれば、こちらも声を落とします。このように、話すテンポや声のトーン、呼吸のリズムを合わせることで、相手との信頼関係を構築しやすくなります。

相手の動きと同じ動きをする（ミラーリング）

相手が考えている仕草をしたとき、自分も考える仕草をする。相手がグラスを手にしたら、自分もグラスに手を伸ばす。人は自分と似ている人に好感を持ちやすいことから、同じ動きをすることで距離が縮まると言われています。

「ペーシング」「ミラーリング」は心理学で使われている言葉です。相手と同調することで、コミュニケーションをスムーズに運ぶことができるので、ぜひチャレンジしてみてくださいね。

米国ウェズレイ大学の実験では「相手に多く話させる時間が長ければ長いほど、相手はあなたを好きになる」という結果が出たのだとか。大きなリアクションはあなたのファンを増やすことにつながりますよ。

リアクションは大きめに！

相手が話をしているときに、最もやってはいけない態度は「無反応」でいること。まったく反応しないでいると、相手はやがて話すのをやめてしまいます。「笑顔」のページでもお伝えしたように、人は自分がイメージしている5分の1程度しか動いていません。自分ではしっかり反応しているつもりでも、相手には届いていないかもしれません。

リアクションは「あなたの話を聞いていますよ」「もっと話を聞きたいです」といったメッセージとなりますので、「ちょっと大げさかな〜」と思うくらいの動きでちゃんと伝えることが大切。頷いたり、相槌を打ったりするときも、**表情や手を動かして全身でおもしろそうに聞きましょう。**

心を空っぽにして聞く

相手が話をしているときは考えごとはやめて、心を空っぽにして聞きましょう。そうするとき体は自然と動き、ナチュラルなリアクションができます。

反対に、人の話を聞きながら「その話は前にも聞いた」などと思った途端に体は固まります。うっかり生返事をしてしまうと相手にも伝わります。

相手の話のキーワードや語尾をくり返す

相手の話の核となる部分や語尾をくり返すことで「あなたの話をちゃんと受け止めましたよ」と相手に伝えることができます。

会話①

「昨日、映画に行ってきたの」
「映画に行ってきたの？　いいですねー。何を観たの？」

●相手が話したい話題を察知して、詳しく話してくれるように質問をしましょう。その際、相手が使った言葉をくり返すことで「その話に興味があります」とメッセージできます。

会話②

「暑いから食欲がなくて」
「食欲がないんですか……夏バテしないように気をつけてくださいね」

●相手の話の語尾をくり返すことで、相手への共感を表現できます。

コミュニケーションのNGポイント

否定しない・自分語りをしない・会話泥棒をしない。

この本はコミュニケーションが苦手な方にお届けするため、主に「心得」と「聞き方」についてお伝えしてきました。この2つのスキルがついてくると、人間関係が良好になります。友だちが増え、新しい人にも出会い、コミュニケーションがどんどん楽しくなるでしょう。自分を好きになって、自信を持って、いろんな人と積極的に話してくださいね。

ここで、会話において気をつけたいポイントを3点だけお伝えしておきます。

まず、**相手の話を否定しない**こと。たとえ自分の意見とは違っていても、どちらが正しいと決めなくてもいいのです。「でも」「だって」と相手の話を遮《さえぎ》らずに、一旦受け止める姿勢を持ちましょう。

また、会話はキャッチボールです。ところがボールを抱えたまましゃべりっぱなしになってしまうことがあります。これもNG！ **相手が話したら自分が話し、そして再び相手に軽い質問を投げて会話を続けましょう。**

最後に、**「会話泥棒」をしない**こと。自分がその話題についてよく知っていたとしても、相手の話を奪わずに最後まで相手に気持ちよく話してもらいましょう。

column

愛される人の共通点は「3T」

「3T」とは、「ありがとう（Thank you）」を3回伝える人のこと。

私がある番組でご一緒しているHさんは、まさに3Tの人。コミュ力抜群のハナさんのような人です。

以前、私が広島出張のお土産にお菓子を渡したとき、彼女はこう言って喜んでくれました。

「わあ！ おいしそう！ 食べたことないです。ありがとうございます♪」1T

そして次に会ったとき、

「あのお菓子、おいしすぎてお取り寄せをしてしまいました（笑）。家族もみんな大好きで、もう我が家の定番です。ありがとう」2T

それからしばらく経ってからも、

「敦子さんってお土産選びのプロですよね～。どれもハズレがないの！ いつもありがとうございます♪」3T

こんなふうに言われて、私は天にも昇る気持ちになりました。そして、次は彼女にどんなお土産を買って行こうかな？なんて楽しい想像をしてしまうんです。お土産を褒められただけなのに、人格まで褒められた気がして今でも温かい気持ちが心に残っています。

「1T」の人は多くいます。でも「2T」「3T」をできる人は意外と少ない。だから私もHさんを見習って3Tを目指します！

ー会社にて
Pc
ボーー
ナツミさん、コミュ力ついてきましたね
ポン
あつこさん！
はい。おかげさまで！
…でも、まだ複数の人との雑談が苦手なんです
今もボーとしちゃって…
そう どんなところが苦手なの？
うーん

まず、みんなが話している時どのタイミングで話に入っていいのかわからないし
話しかけられてもモジモジしてるうちに会話が流れていってしまうし
旅行
恋愛
スポーツ
ファッション
会話の内容に興味もてないとなんて返していいかわからないからジーッとしちゃって
そのうち誰も話しかけてくれなくなるんです
な…なんか暗いわよ
私…前世が石だったんですよきっと
カチカチに固くて道に落ちていても見向きもされず踏まれ 転がされ…
い……
石……

その点
ハナさんは
すごいです
あめ
ハナさんのように朗らかになりたい
プル
プル
STOP
おいおいおい
プル
では今日は
ハナさん考察を
してみましょうか
ハナさんは
ナツミさんと同じように、
積極的に話をする
タイプではないけれど、
とても聞き上手です
ハナさんの表情と
リアクションを
よく見て
自分の日頃の態度を
見返してみましょう

シチュエーション別に比較してみよう
僕の趣味って
マジックなんだよ
そうなんですかわ〜
今度、ぜひ見せてください！
あー…ハイ…
そうですか…
この資料よくまとまってるよ！
助かった！
うれしいです！ありがとうございます！
カァァァァ
モジモジ

それはステキ！おめでとうございます！
私結婚するんです！
ほー………
おめでとうございます！よかったですねー
子供が第一志望に受かったの
優秀！
…………
パチ
パチ…
え？
私の顔、ぜんぜん動いてない…
地蔵!?
まーねー

人って
声の大きさも表情も
みなさん
自分が思っているより
ずっと動いていないんです
それ！
その顔！
喜
楽
笑
慈
嬉
良
温
仏
だから
「ちょっと大げさかなー」
くらいでちょうど
いいんですよ
ハナさんは
いつも自然体で
見ていて気持ちが
いいですよね
ずっと
見ていられる
羨望…
ナツミさん
コミュニケーションって
マインドが伴うことが
とても大事なんですよ
ハナさんは雑談の場でも
話す人の方を見て
ちゃんと聞こうと
していますよね
目を
合わせる…
ハナさん
ちょっと
聞いてよー
なーに？
それは
リスペクトの
表れです

相手をリスペクトすること……
そう！
時間を楽しく共有する人へのリスペクトです
スムーズにしゃべれなくても大丈夫
表情やリアクションで「ちゃんと聞いてますよ」と伝えることができればそれはとてもいいコミュニケーションです
そっかー！
ね！
さあみんなのところにいってらっしゃい
はい！
ハナさーん
雑談力ゼロ
地蔵
ナツミさんの前世…
石じゃないと思うよ…

Chapter 4

いつでもポジティブな日々の習慣

自分の機嫌をとる

落ち込みやイライラから
回復するスイッチを用意しておきましょう。

Chapter1からChapter3までコミュニケーションスキルについてお伝えしてきましたが、実はそれ以前に、自分の気持ちを整えておくことがとても大切になります。

どんなにコミュニケーションを学んでいても、落ち込んでいたり、イライラしていたり、ネガティブな気持ちになっていたら、相手にはマイナスの波動しか届かないからです。

とはいえ、いつでもハッピーでいられるかというとそうもいきませんよね。だからこそ、**自分がどんなときに気持ちがネガティブになるのかを知っておきましょう。**また同時に、**その状態を回避する方法や、そこから回復させるスイッチを用意して、いつでもご機嫌な気持ちでいられるようにしましょう。**

私はお腹が空くと頭が回らなくなってしまうので、いつもバッグに小さなお菓子を入れています。空腹でボーッとなる前に少し食べてピンチを回避するわけです。また、睡眠不足のときはイライラしてしまうので、必ず昼寝をしています。「忙しいなかで昼寝?」と驚かれるかもしれませんが、これもコミュニケーションをスムーズにするための気持ちの整え方。仕事に全力全開で臨みたいので、あらかじめスケジュールに昼寝時間を組み込んでいます。

私の知り合いのMさんはナイーブな性格で、小さなことで落ち込むことが多いそうです。それが自分でわかっているから、彼女はお気に入りのアロマオイルを小さなボトルに入れて持ち歩いているとのこと。落ち込んだらその香りをかいで深呼吸することで、気持ちを立て直すことができると言っていました。

言葉とイメージでもOK！

自分の機嫌をとる方法は、お菓子でも香りでも運動でも何でもいいのです。「仕事中にそんなことできない」という人は言葉でもいいのです。

転んで泣き出した幼い子どもに、お母さんが「いたいの、いたいの、とんでけ～」と空に手をふると、子どもは「バイバイ」と言って涙にさよならをします。あれはおまじないの言葉とイメージの力。大人にも有効な方法です。

職場などで気持ちがズドンと落ちたときは「私は大丈夫」、焦ったときは「落ち着け私」などと小さくつぶやいて、できるだけ気持ちを整えてコミュニケーションに臨みましょう。

Work 9 気持ちを安定させる方法

自分がどんなときに落ち込むか、どんなときにイライラするかを
知っておくと、気持ちの安定に役立ちます。
以下の質問に対して思いつくことを書いてみましょう。
過去にあった出来事を書くのもＯＫ。
心に残ったモヤモヤを書き出すことで、自分への理解度が高まります。

Q1 落ち込むのはどんなとき？

ex. 仕事でミスをしてまわりに迷惑をかけたとき

Q2 イライラするのはどんなとき？

Q3 泣きたくなるのはどんなとき？

Q4 不安になるのはどんなとき？

Q5 気持ちが上がるのはどんなとき？

おいしい、うれしい、楽しい、落ち着く、ときめく、癒やされる、元気になるなど、ポジティブな気持ちになれるものを書き出しておきましょう。

食べもの

飲みもの

香り

花

歌

音楽

景色

本

言葉

気持ちが不安定なときは、
自分の「好き」をなかなか思い出せません。
Q1～Q4のようなときにどのアイテムが使えるか、
あらかじめ考えておきましょう。

プレシャスタイムを持とう

自分のためだけの時間をつくり、
波打つ心を凪《なぎ》の状態へと持っていきましょう。

子どもがまだ小さかった頃、仕事に集中しているときに話しかけられてイライラすることがありました。ただでさえ家事・育児に追われ、やっとつくった仕事の時間を邪魔されて、思わず叱りつけた自分に落ち込んだこともあります。そんなことが何度か続き、私は夜中2時に起きて仕事をするようになりました。誰にも邪魔されない一人だけの時間をつくったのです。

イライラは思い通りにならないことで起こりがちです。身近な人にはそのイライラをぶつけてしまうこともあると思いますが、相手が一方的に悪いわけではなく、時間も感情もコントロールできない自分にいちばん腹が立つわけです。

そんなことが頻繁にあるという方は、「自分のためのプレシャスタイム」を持つことをおすすめします。自分を喜ばせる一人きりの時間のことです。仕事に集中したかった私は、夜中にその時間を設けたことでずいぶん気持ちが安定し、イライラしてコミュニケーションに支障をきたすことがなくなりました。これは私の時間軸に応じた私のやり方です。

時間の使い方は一人ひとり違いますので、一日のスケジュールを立てて、自分の時間軸とじっくり向き合ってみましょう。

私の時間軸はシンプルです。番組出演以外のときは、デスクワークは朝、打ち合わせなど人に会う仕事は昼。夜は家族とコミュニケーションの時間と決めているので仕事は入れません。そのかわり、残った仕事は夜中に集中して行います。

自分のプレシャスタイムのつくり方

さて、一日のどの時間にプレシャスタイムをとるか。これには、自分の動きをしっかりと頭に入れておく必要があります。とくに子育て中はやることが多すぎて「追いつかないよ～」と泣きたくなる人も多いと思いますが、だからこそのタイムスケジュールです。

一日24時間あるなかで「今やるべきこと」を書き出して、優先順位の高い順にスケジュールを埋めていきましょう。そうすることで、頭のなかが整理され、し忘れることなどもなくなります。また、一日のスケジュールを俯瞰で見ることで、どの時間なら心も体も頭も休められるのかを見極めることができます。プレシャスタイムを入れるならそこです。

私の友人は毎日あまりに忙しくて、どこにも自分の時間をとれなかったそうですが、保育園に子どもを迎えに行く前にコンビニでコーヒーを買い、駐車場でゆっくり飲むわずか10分が、自分の気持ちを整える時間だったと話します。気持ちを安定させるのに、時間の長さはあまり関係ないのですね。

Work 10 自分の時間軸のつくり方

忙しいときほどタイムスケジュールが役に立ちます。
頭のなかが整理され、やるべきことが明確になるため、
時間のロスがなくなり効率的な動きがとれます。
予定通りにいかないこともあると思いますが、
「型」ができていることで立て直しがしやすくなります。

以下の項目に沿って書き出し、左ページのタイムスケジュールを埋めていきましょう。

step1 毎日、自分がやるべきルーティンワークは？
朝・昼・夜に分けて書き出し、かかる時間もメモしておきましょう。

朝	timescale	昼	timescale	夜	timescale
ex. 洗濯・朝食・弁当	40分				

step2 左ページのタイムスケジュールに「step1」を書き込んだら、
空いている部分に「自分のプレシャスタイム」を入れましょう。
その時間のなかでやりたいことは何ですか？
P.115 - Q5で書き出した「気持ちが上がるもの」を参考に
書き出しておきましょう。

	timescale
ex. おいしいコーヒーを飲む	30分

Time Schedule (平日用)

0	
1	
2	
3	
4	
5	
6	
7	
8	
9	
10	
11	
12	
13	
14	
15	
16	
17	
18	
19	
20	
21	
22	
23	
24	

色分けすると
わかりやすい！

- 家事・育児
- 仕事
- 睡眠
- プレシャス！
- その他

自分の時間軸を把握しておくと、
小さなことで感情が揺さぶられることがなくなります。
ぶれない自分でいることで、本来の自分で
コミュニケーションを楽しむことができます。

幸せのハードルを上げない

**人に振りまわされない、ぶれない自分でいましょう。
自分の体験で心を動かしていきましょう。**

コミュニケーションセミナーやワークショップを開いた際、生徒さんたちに「最近あったいいことを教えてください」と尋ねると、「何もない」と答える方がとても多いです。

しかし、いいことがまったくない人なんていないと思うのです。たとえば、「欲しかった服がセールになっていた」「おいしいスイーツを見つけた」「茶柱が立った」なども心が躍りますよね。それらがカウントされないということは、その人たちにとっての「いいこと」とは、何かびっくりするような大きなことを指しているのですね。きっと幸せのハードルが高くなっているのでしょう。それは、自分で生きにくくしていないかなあと少し心配になります。

ぶれない自分でいるために

日常を楽しく、機嫌よく生きていくためにビッグイベントが必要かというと必ずしもそんなことはありません。逆に言うと「大きないいことがない自分は幸せじゃない」と思っているから、身近な幸せを見つけられないでいるのです。

もしかしたらＳＮＳで出回る情報に引っ張られているのかもしれませんが、

それはとてももったいないこと。なぜなら、たくさんの人が自分の〝リア充〟な様子をＳＮＳで発信していますが、その人もずっとリア充が続いているはずはなく、小さなシーンの切り取りでしかないのですから。

人の一部分でしかないものを自分の幸せの雛形にしても何の意味もありません。自分にも心当たりがある人は、ＳＮＳから少し距離をおきましょう。

情報過多になっているときは、自分の感度が鈍ります。

そんなときは、自然のなかで過ごす時間や一人でゆったりする時間をとって、自分のなかから湧き出る気持ちやときめきに注意を向けることが大切です。

「一人でゆっくりする時間なんてないよ〜」という人は、一日のうちほんの10分だけでも自分のプレシャスタイムをとってください。

人生には「幸せか／不幸か」「０か１００か」なんて極端な境目はありません。忙しいからその10分が愛おしい。そのように考えてみてはどうでしょうか。

あなたの幸せは、あなたの心のなかから生まれてくるのですから、ぶれないあなたでいてください。人に振りまわされない、本来のあなたが感じること、小さな心の動きに敏感になりましょう。

良いコミュニケーションは人生を拓《ひら》く

最後までお読みいただきありがとうございます。

本書に書かれていたことが、簡単であたりまえのことばかりだったことに驚かれたと思います。幼い頃に「笑顔や挨拶が大切!」「姿勢良くしなさい」などと、まわりから言われてきたことを思い出したかもしれません。

なぜ、大人が子どもに伝え続けてきたのか。それは、コミュニケーションの基本を実践することで、格段に生きやすくなるからです。もちろんスキルとしては、もっとお伝えしたいことはあるのです。話し方、言葉の選び方など、知っていれば役立つことがたくさんあります。

ですが、まずは本書にある「簡単」「あたりまえ」を実践してみてください。きっと人間関係が楽になり、楽しい出来事や出会いが増えて、人生がスムーズに動き出したことを実感できるでしょう。**良いコミュニケーションは人生を確実に拓いていきます。**

それでもどうしてもうまくいかない相手もいます。あなたがこの本の内容を実践し、敬意を持って接しても、ぞんざいな態度で接してくる人がいたとしたら、それはあなたのせいではありません。相手の問題ですから気にしなくていいのです。

そんなときのいちばんの対処法は距離をとること。しかし、家庭や仕事でどうしてもつき合わなくてはならないなら、必要最低限のコミュニケーションに留めるとともに、自分のイメージのなかで相手を小さくして、超最小化しましょう(笑)。そのことで悩み、他の人とのコミュニケーションに影響するよりそのほうがずっといい。

あれこれ工夫しながら常に「ぶれない自分」で、本来のあなたでコミュニケーションを存分に楽しんでくださいね！　この本が少しでもあなたの幸せな人生のお役に立てれば幸いです。

今村　敦子

あれから、少しずつですが
私も変わってきました
髪もウェーブつけた
背筋も伸びて
笑顔で話せるようになって
スーツも明るい色を
着るようになったりして！
お似合いですよ
そして、何よりも
ハナさんと
仲良くなれたことが
うれしい！
ナツミさん
今日、うちで
夜ごはん
食べませんか？
え！
今や
なんでも話せる
仲に…
いいんですか？
もちろん！
ハナさんち
って言っても
レトルトなんですが
田舎の母から
食べ物がたくさん
届いたんですよー
くまモンだ
R
R
R
R
R

あ
電話
私がやるので出てください
レトルトカレー
温めるんだったな
はい
あか牛カレー からしれんこん いきなりだんご?
おかーさん、届いたよ
ありがとう うれしかったとよー
とよ…
いきなり団子
からしれんこん
あか牛カレー
うん うん
おとーさんにもよろしく伝えとって
とって…
ごめんなさい~熊本の母と話すといつも方言が出てしまうんです
ううん すごくかわいかったです!
あか牛カレー

田舎から出てきたばかりの頃、方言が恥ずかしくて誰とも話せなかったんですよ
方言バカにされそう…
だからさ それでさ
あか牛カレー
えーーっ
ハナさんが!?
でもそんなことじゃ友達もできないなと思って、コミュニケーションの練習をたくさんしました
笑顔で ハキハキと! モジモジしない!
あえいおえおあお!
ハナさんも? 親近感…
カレー
グググ
でも、不思議なことにみんなとちゃんと会話できるようになったら
えー熊本なの? 私も!
オレ宮崎!
隣
方言を恥ずかしいと思わなくなりました
くまモンが一番たい!
なまはげだべ!
せんとくんやで!
今では人と話すのが大好きになったんです

そのおかげで こんなふうに 一緒に家で ごはん食べる お友達も できたしね
ハナさん!
ジ〜〜〜ン
暗い
小声
焦り
考えすぎ
カレー おいしいです!
ぐすんっ
あか牛カレー ですから!
当然!
ひくつ
不安
地味
無口
自信ない
小心
猫背
からしれんこんで 涙が――っ
アハハハハ
あつこさん! ありがとう!
よく 頑張りました!
パチ
ナツミ金次郎の カゴも カラッポ!

著者 今村 敦子

5年間の広告代理店勤務を経て、テレビ・ラジオの世界へ。局の垣根を越えて様々な番組でキャスター、リポーター、パーソナリティを務め、今年でデビューから27年目を迎える。その他、各種イベント MC、ナレーション、コラム執筆、講演、セミナー講師など北部九州を中心に活躍中。現在、FBS福岡放送「めんたいワイド」、FM 福岡「モーニングジャム」をはじめ、レギュラー番組多数。著書に『時魔女のススメ』（リボンシップ発行）がある。2021年、伝わる話し方の学校「あつこ塾」開講。あんこ好き（アンコンヌの愛称も !?）・美容オタクでも知られている。

● 愛されコミュ術☆アツコの部屋

LINEの登録はこちら！

協力 ナチュレライフ編集部

「自然の恵みで健康・キレイになる」をテーマに食・コスメ・情報を提供するライフスタイルブランド。

可能な限り添加物を使用しない健康食品、世界唯一の天然美容成分配合のコスメをはじめ、医師や農業法人とのコラボレーションによる徹底した高品質な商品を展開。

一方で、最新の栄養学・医療情報をもとにした書籍の編集協力やメディアづくりも手掛ける等、人生100年時代における人々の健康と美容をあらゆる面からサポートする。

ナチュレライフ
HEALTH & BEAUTY

ナチュレライフ　検索

勝手に愛される
コミュニケーション術

2023年7月19日　初版発行

著　者　今村 敦子
発行者　川口 秀樹
発行所　株式会社三《み》空《く》出版《しゅっぱん》
〒101-0061
東京都千代田区神田三崎町3丁目5-9
天翔水道橋ビル 411号室
TEL：03-5211-4466
FAX：03-5211-8483
WEB：https://mikupub.com
印刷・製本　日経印刷株式会社

ISBN978-4-944063-83-3